Basic Language Learning

石川加奈
Kana Ishikawa

音声DL付改訂版
本気で学ぶ
フランス語

発音・会話・文法の力を
基礎から積み上げる

ベレ出版

はじめに

　衣類や身の回りの物、そして仏和・和仏辞典2冊とフランス語文法書3冊（初級から中級）を詰め込んだスーツケースを持ち、フランスのド・ゴール空港に到着した時に私が知っていたフランス語は、

「アン、ドゥ、トワ、ボンジュール！」

たった、これだけでした。

　「語学なんて、現地（フランス）へ行けば何とかなる！」と、何も勉強せずにフランス留学を決行したのです。で、フランス語を勉強せずに留学して良かったことは……………ほとんどありませんでした。正直言って、時間とお金の無駄でしたね。今思えば危険でもあり、本当に無謀なことをしたと反省しています。当時、語学力がゼロに等しかった私は、無論、現地のフランス語学校の初級クラスから入り、何人かの日本人や外国人達と一緒にフランス語を学んでいったのですが、この語学留学を通して感じたことが大きく分けて3つありました。

➤ たとえ1つの単語でも、それを正しく発音しなければ相手には通じないこと。

➤ 文法をより理解し易くするには、例文を比較することと、学んだ知識がバラバラにならないよう、関連する文法の流れをつかむこと。

➤ 普段から積極的にフランス語で会話を交わさなければ、フランス語は上達しないこと。（私の留学中で一番欠けていたことです。）

本書は私自身の経験から、"こんな文法書があったら良かったのに……"と思った点を全て取り入れました。発音に関しては、絵による解説と徹底した発音・読み取り練習を加え、文法に関しては、一般に扱われている入門レベルから中級レベルまでを記載するとともに、比較するのに必要な最低限の例文を１つでも多く載せることに努めました。

　こうして練り上げた本書が、今後フランス語を学ぶ方々の文法書として、少しでもお役に立てれば幸いです。

石川加奈

〈改訂版 はじめに〉

　この本を手に取られた皆様、フランス語を学ぶ理由は何ですか？
　私は、あの流れるようなフランス語の心地よい響きに魅せられたからです！そしてテレビで見るフランスの町並みや景色に漠然と憧れていました。「いつかフランスへ行きたい、、、」そんな単純な動機が私を語学留学へと駆り立てたのです。

　フランス語を学び始めてからは、その文法の難解さや発音には悩まされました。きっと壁にぶつかっている方も多いはす。本書『音声ＤＬ付改訂版 本気で学ぶフランス語』は2010年（初版）に上梓した『本気で学ぶフランス語』を、この度機会を得て改訂したものです。特に"4課 発音・読み取り練習"は、フランスでは幼児期に「あいうえお」「かきくけこ」と学ぶ練習をするものを取り入れました。ここで単語を読む力と発音の基礎を固めていただきたいのです。文法に関しても、例文を比較しやすいよう記載することによって、文法の理解を深めることに重点を置いています。

　今も当時と変わらず、本書が少しでもフランス語を学ぶ方々のお役に立てればと切に願っています。

石川加奈

目　次

はじめに
〈改訂版　はじめに〉
ダウンロード音声のご案内　11

第1章　発音

1課　文字 ……………………… 14
1　アルファベ
2　アルファベの練習
3　筆記体
4　綴り字記号
5　句読記号

2課　音 ……………………………… 19
1　母音
2　鼻母音
3　半母音
4　子音

3課　綴り字と音 ……………… 26
1　綴り字の読み方におけるルール
2　母音字
3　鼻母音を表す綴り
4　半母音を表す綴り
5　子音字
6　綴り字と音の練習

4課　発音・読み取り練習 ……… 43
1　音節の切り方
2　練習

5課　文の発音 ………………… 78
1　リエゾン
2　アンシェヌマン
3　エリズィヨン

第2章　文法

6課　基本会話 ………………… 84

7課　名詞 ……………………… 86
1　名詞の性
2　名詞の数

8課　冠詞 ……………………… 90
1　不定冠詞
2　定冠詞
3　部分冠詞
4　前置詞と定冠詞の縮約

9課　提示表現 ………………… 96

10課　形容詞 …………………… 98
1　形容詞の一致
2　形容詞の性
3　形容詞の数
4　形容詞の位置
5　冠詞の変形：de

11課　主語人称代名詞 ……… 105
1　主語人称代名詞
2　不定代名詞：on

**12課　動詞 être・avoir の
　　　　直説法現在** …………… 108
1　être の活用
2　avoir の活用

13課	**-er 動詞の直説法現在** ……111	22課	**-ir 動詞の直説法現在** ……140
1	不定詞	1	-ir 動詞の活用
2	-er 動詞の活用		（第2群規則動詞）
	（第1群規則動詞）	2	-ir 動詞の活用
3	-er 動詞の変則的活用		（不規則動詞）
	（第1群規則動詞）		

14課 **否定文(1)** ……116
  1 否定の冠詞：de

15課 **疑問文** ……118
  1 肯定疑問文
  2 否定疑問文

16課 **指示形容詞** ……123

17課 **所有形容詞** ……125

18課 **副詞** ……127
  1 形容詞と副詞の比較
  2 副詞および副詞句の種類
  3 副詞の位置

19課 **前置詞** ……130

20課 **場所の表現** ……133
  1 場所や位置
  2 国・都市

21課 **動詞 aller・venir の直説法現在** ……137
  1 aller・venir の活用
    （不規則動詞）
  2 近接未来と近接過去

23課 **疑問形容詞** ……142

24課 **疑問副詞** ……144

25課 **数量の表現** ……145
  1 数詞
  2 数量の表現

26課 **時の表現(1)** ……149
  1 時間
  2 季節・年月日
  3 頻度

27課 **-re 動詞の直説法現在** ……153
  1 -re 動詞の活用
    （不規則動詞）

28課 **強勢形人称代名詞** ……156

29課 **比較** ……159
  1 比較級
  2 最上級
  3 特殊な形の比較級と最上級
  4 その他の比較表現

30課 **-oir 動詞の直説法現在** ……164
  1 -oir 動詞の活用
    （不規則動詞）

31課 **非人称構文** ……166

32課 **疑問代名詞**……………… 168
  1 性・数によって変化しない疑問代名詞
  2 性・数によって変化する疑問代名詞

33課 **代名動詞の直説法現在**…… 171
  1 代名動詞の活用
  2 代名動詞の用法

34課 **命令法**………………………… 174

35課 **直説法複合過去**…………… 177
  1 過去分詞の形
  2 活用
  3 用法

36課 **補語人称代名詞**…………… 183
  1 用法
  2 その他の文での位置

37課 **中性代名詞**………………… 188
  1 用法
  2 その他の文での位置

38課 **補語人称代名詞と中性代名詞の語順**………… 193
  1 肯定命令文以外の語順
  2 肯定命令文の語順

39課 **関係代名詞**………………… 196
  1 関係代名詞
  2 前置詞＋関係代名詞

40課 **強調構文**…………………… 201

41課 **指示代名詞**………………… 202
  1 性・数によって変化しない指示代名詞
  2 性・数によって変化する指示代名詞

42課 **所有代名詞**………………… 205

43課 **不定形容詞と不定代名詞**… 207
  1 tout
  2 その他の不定形容詞と不定代名詞

44課 **否定文(2)**…………………… 210

45課 **直説法半過去**……………… 212
  1 活用
  2 用法

46課 **直説法大過去**……………… 215
  1 活用
  2 用法

47課 **直説法単純過去**…………… 217
  1 活用
  2 用法

48課 **直説法前過去**……………… 221
  1 活用
  2 用法

49課 **直説法単純未来**…………… 222
  1 活用
  2 用法

50 課	**直説法前未来** …………… 225	59 課	**接続法大過去** …………… 247
1	活用	1	活用
2	用法	2	用法

51 課	**時の表現(2)** …………… 227	60 課	**時制の照応と話法** …… 249
1	時	1	時制の照応
2	期間	2	直接話法から間接話法への転換
3	同時性	3	自由間接話法
4	先行性など		

52 課	**受動態** …………………… 231	61 課	**理由・譲歩** ……………… 254
		1	理由・原因
		2	譲歩
53 課	**条件法現在** ……………… 233	3	対立
1	活用	4	目的
2	用法		

54 課	**条件法過去** ……………… 235	62 課	**現在分詞** ………………… 257
1	活用	1	現在分詞の形
2	用法	2	現在分詞の用法
		3	過去分詞構文

55 課	**仮定** …………………… 237	63 課	**ジェロンディフ** ………… 260
		1	ジェロンディフの形
56 課	**接続法現在** ……………… 239	2	ジェロンディフの用法
1	活用		
2	用法	64 課	**過去分詞の一致** ………… 262
3	虚辞の ne		

57 課	**接続法過去** ……………… 244	65 課	**不定詞** …………………… 264
1	活用	1	不定詞の形
2	用法	2	不定詞の用法
		3	感覚動詞・使役動詞＋不定詞

58 課	**接続法半過去** …………… 245
1	活用
2	用法

付録 ·································· 269

1 冠詞の省略
2 限定詞
3 基本文型
4 文の種類
5 法と時制

索引 ·································· 277

文法用語に関しては、付録にまとめて記載しています。

ダウンロード音声のご案内

【スマートフォン・タブレットからのダウンロード】

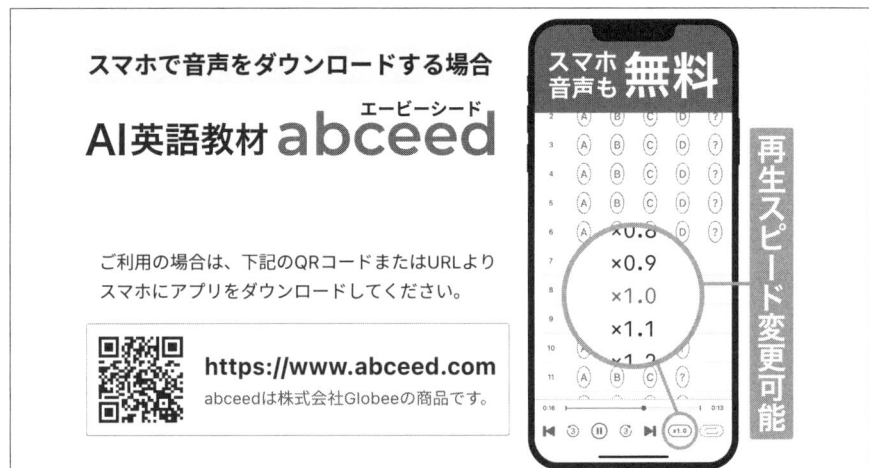

【パソコンからのダウンロード】

① 弊社サイト内、『[音声DL付改訂版] 本気で学ぶフランス語』のページへ。「音声ファイル」の「ダウンロード」ボタンをクリック。

② 8ケタのコード aearLAqF を入力してダウンロード。

* ダウンロードされた音声はMP3形式となります。zipファイルで圧縮された状態となっておりますので、解凍してからお使いください。
* zipファイルの解凍方法、MP3携帯プレイヤーへのファイル転送方法、パソコン、ソフトなどの操作方法については小社での対応はできかねますこと、ご理解ください。
* DL音声をコピーしたCDを弊社オンラインサイトにて購入可能です。サイト内の本書籍の詳細ページをご確認ください。

* 以上すべてのサービスは予告なく終了する場合がございます。
* 音声の権利・利用については、小社サイト内 [よくある質問] にてご確認ください。

第1章
発音

1課　文字

❶ アルファベ

🔊 1-001

　フランス語のアルファベ（字母）は、英語と同じく26文字ですが、発音が全く違うアルファベが半数以上あるので、まず声に出して読みながら覚えていきましょう。

文字	発音記号	カナ表記	文字	発音記号	カナ表記
A a	[ɑ]	[ア]	N n	[ɛn]	[エヌ]
B b	[be]	[ベ]	O o	[o]	[オ]
C c	[se]	[セ]	P p	[pe]	[ペ]
D d	[de]	[デ]	Q q	[ky]	[キュ]
E e	[ə]	[ウ]	R r	[ɛr]	[エール]
F f	[ɛf]	[エフ]	S s	[ɛs]	[エス]
G g	[ʒe]	[ジェ]	T t	[te]	[テ]
H h	[aʃ]	[アッシュ]	U u	[y]	[ユ]
I i	[i]	[イ]	V v	[ve]	[ヴェ]
J j	[ʒi]	[ジ]	W w	[dubləve]	[ドゥブルヴェ]
K k	[kɑ]	[カ]	X x	[iks]	[イクス]
L l	[ɛl]	[エル]	Y y	[igrɛk]	[イグレック]
M m	[ɛm]	[エム]	Z z	[zɛd]	[ゼッドゥ]

➡ 上記の［カナ表記］は、アルファベの名称を表しているだけで、単語を構成している綴り字の音とは異なります。(p.26)

❷ アルファベの練習 🔊1-002

　下記のアルファベを声に出して読み、次に、音声でフランス人が言っているアルファベを、本を見ずにノートに書いてみましょう。特に、< **BV、EU、GJ** >には注意してください。

1) J G G K G J J
2) U E U E E U E
3) V B B V B V B
4) H T A Y E D O
5) E U T Q V N C
6) M J T D B P G
7) C T V D P B U
8) G J X B V R N
9) L J G S I G Q H
10) Z E X D R M U
11) J K N Q I U P
12) U E C V A P N
13) S E B D K C J
14) N A G L Q D J
15) R F L I O N W
16) X J R I V B T
17) V B S N L R O
18) F Y C A P T L
19) Q K G Z U H I
20) U F I S C J G Y

❸ 筆記体

　現地でフランス語を学び始めて、まず困ったのが、先生が黒板に書く筆記体でした。ブロック体は英語と変わりませんが、フランス語の筆記体（大文字）は、英語とかなり違うものがあり、慣れるまでに時間がかかりました。特に、< **G, S, T** >には注意してください。またフランスでは、ノートに書く時もそうですが、テストの時も大抵ボールペンで書きます。テストに鉛筆で答えを書くと、どの先生からも注意されました。

❹ 綴り字記号

　1つの単語を構成している文字の配列を、"綴り字"（英語でいうスペル）といいますが、フランス語には、このアルファベに"綴り字記号"と呼ばれる記号がついている語があります。この綴り字記号がつくと、その語は発音や意味が変わることが多いので、これらの綴り字記号にも少しずつ慣れていってください。

綴り字記号	綴り字	例	
´ accent aigu ［アクソン　テギュ］	é	été ［エテ］	café ［カフェ］
` accent grave ［アクソン　グラーヴ］	à è ù	là ［ラ］	où ［ウ］
ˆ accent circonflexe ［アクソン　スィルコンフレックス］	â ê î ô û	île ［イル］	gâteau ［ギャト］
¨ tréma ［トレマ］	ë ï ü	Noël ［ノエル］	naïf ［ナイフ］
˛ cédille ［セディーユ］	ç	ça ［サ］	garçon ［ギャソン］
' apostrophe ［アポストロフ］		l'école ［レコール］	c'est … ［セ］
- trait d'union ［トレ　デュニヨン］		grand-mère ［グホンメール］	après-midi ［アプレミディ］

➡ <é, è, ê, ë>のように綴り字記号がつくと、e［ウ］は［エ］と発音されます。
➡ アクソン記号の<´ ` ˆ>は、大文字の場合は省略することもあります。
　　L'été → L'ETE　　　L'école → L'ECOLE
➡ トレマは、連続している2つの母音字を分けて発音するための記号です。
➡ セディーユがつくと、c［k］がç［s］と発音されます。
➡ アポストロフは、母音字省略を示します。(p.81)
➡ トレ・デュニヨンは、英語でいうハイフンです。

❺ 句読記号

下記は、文章を書く際に用いる句読記号です。

句読記号		
,	virgule ［ヴィルギュール］	コンマ
.	point ［ポワン］	ピリオド
:	deux-points ［ドゥ ポワン］	コロン
;	point-virgule ［ポワン ヴィルギュール］	セミコロン
…	points de suspension ［ポワン ドゥ スュスポンスィョン］	中断符
?	point d'interrogation ［ポワン ダンテホガッスィョン］	疑問符
!	point d'exclamation ［ポワン デクスクラマッスィョン］	感嘆符
( )	parenthèses ［パランテーズ］	挿入符
《 》	guillemets ［ギュメ］	引用符
—	tiret ［ティレ］	ダッシュ

2課　音

　下記は、フランス語の音を記号によって表している［発音記号］で、12 の母音、4 つの鼻母音、3 つの半母音、17 の子音があります。

母音	[i] [イ]	[e] [エ]	[ɛ] [エ]	[a] [ア]	[ɑ] [ア]	[o] [オ]	[ɔ] [オ]	[ø] [ゥ]	[œ] [ゥ]	[ə] [ゥ]	[u] [ウ]	[y] [ユ]
鼻母音	[ɛ̃] [アン]	[œ̃] [アン]	[ɑ̃] [オン]	[ɔ̃] [オン]								
半母音	[j] [イ]	[w] [ゥ]	[ɥ] [ユ]									
子音	[t] [トゥ]	[k] [ク]	[p] [プ]	[f] [フ]	[s] [ス]	[ʃ] [シュ]				（無声子音）		
	[d] [ドゥ]	[g] [グ]	[b] [ブ]	[v] [ヴ]	[z] [ズ]	[ʒ] [ジュ]	[l] [ル]	[r] [ル]	[m] [ム]	[n] [ヌ]	[ɲ] [ニュ]	（有声子音）

　フランス語を学ぶ上で、まずは正しい発音の仕方（唇のかまえなど）を身につける事と、上記の［発音記号］の読み方をマスターする事をお勧めします。というのも、この［発音記号］を漢和辞典で例えるなら、漢字の読み方を示す振り仮名のようなものだからです。つまり、仏和辞典で単語を調べる際に、その［発音記号］が読めれば、その単語もほぼ正確に発音できるようになります。そして、この［発音記号］と 3 課で学ぶ綴り字の読み方がある程度規則的ですので、まず声に出して発音することから始めてください。

　ちなみに私は当初、この発音の仕方（唇のかまえなど）や［発音記号］をしっかりと勉強せずに、綴り字のみで何となく単語を読んでいましたので、よく似た単語の微妙な発音の違いが、なかなか理解できませんでした。ですので皆さんも、この課を終えた後にアルファベのページへ戻ってみてください。きっと、よく分からなかった＜BV, EU＞の違いや、3 課にある練習も理解できるようになるはずです。

> ➡ ただ注意点として、この［発音記号］を漢字練習のようにノートに書き写しながら **"覚える"** というような方法は絶対に避けてください。というのも、後で学ぶ綴り字と混同してしまう恐れがあるので、［発音記号］のみを目で追いながら、発音練習をするよう心掛けてください。
>
> ➡ それぞれの音に［カナ表記］を記していますが、フランス語の微妙な発音を［カナ表記］だけで表現するには限界があります。ですから、あくまでもこれらの［カナ表記］(特に [r] p.25) は、便宜的なものと思ってください。付属の音声を繰り返し聞きながら、正確な発音を確認してください。

❶ 母音

🔊 1-003

日本語でいう［ア、イ、ウ、エ、オ］です。

発音記号	発音の仕方（唇のかまえ）	
[i] ［イ］		日本語の［イ］より唇を左右両端に引き締めて、［イ］と発音します。
[e] ［エ］		日本語の［エ］より唇を左右両端に引き締めて、［エ］と発音します。
[ɛ] ［エ］		[e]の唇のかまえより少し口を広く開けて、［エ］と発音します。
[a] [ɑ] ［ア］		日本語の[ア]とほぼ同じ発音ですが、[a]は口の前の方で、[ɑ]は口の奥の方で発音します。
[o] ［オ］		日本語の［オ］より唇を丸く前に突き出して、［オ］と発音します。

発音記号	発音の仕方（唇のかまえ）	
[ɔ] [オ]		日本語の［オ］より口をやや大きく上下に開け唇を丸く前に突き出して［オ］と発音します。
[ø] [ウ]		[o]の唇のかまえで［ウ］と発音します。
[œ] [ウ]		[ɔ]の唇のかまえで［ウ］と発音します。
[ə] [ゥ]		日本語の［ウ］に近く、軽く［ゥ］と発音します。
[u] [ウ]		日本語の［ウ］より唇をすぼめ、丸く前に突き出して［ウ］と発音します
[y] [ユ]		[u]の唇のかまえで［ユ］と発音します。日本語の［ユ］ではありません。

❷ 鼻母音　　　🔊1-004

鼻から息を抜いて発音する母音です。

発音記号	発音の仕方（唇のかまえ）	
[ɛ̃] [アン]		[ɛ] の唇のかまえで [アン] と鼻から息を抜いて発音します。
[œ̃] [アン]		[œ] の唇のかまえで [アン] と鼻から息を抜いて発音します
[ɑ̃] [オン]		[ɑ] の唇のかまえより、口をやや上下に円く開けて [オン] と鼻から息を抜いて発音します
[ɔ̃] [オン]		[o] の唇のかまえで [オン] と鼻から息を抜いて発音します。

❸ 半母音　　　🔊1-005

母音の [i] [u] [y] の前後に他の母音が続く場合、これらが一体の音となるよう子音化します。つまり、母音と子音の中間の音です。

発音記号	発音の仕方（唇のかまえ）	
[j] [イ]		[i] + [母音] の半母音です。
[w] [ウ]		[u] + [母音] の半母音です。

発音記号		発音の仕方（唇のかまえ）
[ɥ] [ユ]		[y]＋[母音]の半母音です。

❹ 子音

🔊 1-006

発音器官で作られる妨げ（閉鎖・狭めなど）を、息が通過することにより発せられる音です。

発音記号		発音の仕方（唇・歯・舌などの位置）	
[t] [トゥ]	[d] [ドゥ]	日本語の[トゥ]に近い発音です。	日本語の[ドゥ]に近い発音です。
[k] [ク]	[g] [グ]	日本語の[ク]に近い発音です。	日本語の[グ]に近い発音です。
[p] [プ]	[b] [ブ]	日本語の[プ]に近い発音です。	日本語の[ブ]に近い発音です。

発音記号		発音の仕方（唇・歯・舌などの位置）	
[f] [フ]	[v] [ヴ]	日本語の[フ]の発音とは前歯の位置が違います。前歯を下唇の内側に軽く当てて、[フ]と発音します。	日本語の[ブ]ではありません。前歯を下唇の内側に軽く当てて、[ヴ]と発音します。

➡ 無声子音は（→）、有声子音は（〜）の矢印で表示しています。
➡ [b][v]は、日本人が間違いやすい発音です。[b][v]の図をよく見比べながら、発音練習をしてください。

発音記号		発音の仕方（唇・歯・舌などの位置）	
[s] [ス]	[z] [ズ]	日本語の[ス]に近い発音です。	日本語の[ズ]に近い発音です。
[ʃ] [シュ]	[ʒ] [ジュ]	日本語の[シュ]より口をすぼめて、[シュ]と発音します。	日本語の[ジュ]とは舌先の位置が違います。舌先を浮かせて[ジュ]と発音します。

発音記号		発音の仕方（唇・歯・舌などの位置）	
[l] [ル]	[r] [ル]	日本語の [ル] では舌先を上顎に当てて発音しますが、フランス語の [l] は舌先を上の前歯の裏の根本に軽く当てて [ル] と発音します。	[r] の発音は難しいのですが、発音のポイントとしては持ち上げた奥の舌と上顎の間に息を通し、「うがい」をする時のような摩擦音を出します。
[m] [ム]	[n] [ヌ]	日本語の [ム] に近い発音です。	日本語の [ヌ] に近い発音です。
[ɲ] [ニュ]		日本語の [ニュ] に近い発音です。	

3課　綴り字と音

　ここからは綴り字の読み方に入りますが、これは日本語でいう漢字の読み方だと思ってください。しかし、漢字ほど難しくはありません。2課でも説明しましたが、［発音記号］と綴り字の読み方がある程度規則的ですので、慣れてくれば次第に単語の綴りが読めるようになってきます。つまり、初めて見る単語でも、一つ一つの＜綴り字＞を拾い、ローマ字のように繋ぎ合わせて読んでいけば、［発音記号］がなくても、ある程度その単語が読めるようになるということです。始めは面倒に思うかもしれませんが、ここでは漢字練習のように、綴り字や単語例をノートに書きながら覚えていきましょう。

　まず左側の綴り字を、1課で学んだ［発音記号］に合わせて、声に出して読みながら10回ほどノートに書き写してください。この時、唇のかまえなどを意識しながら書くと効率がいいです。次に右側の単語例を、［発音記号］や音声に合わせて声に出して読みながら、10回ほどノートに書き写してください。この時、綴り字を意識しながら書くと次第に感覚がつかめてきます。

　この3課は、勉強するにあたってキツイところですが、声に出して読みながら書くことによって、中学・高校で学んだ英語発音を早く払拭する事ができ、また、発音記号の読み方や難解といわれるフランス語に、なるべく早く慣れることができるのです。ですから、地道にコツコツと練習を続けてください。

> ➡ それぞれの綴り字や単語に［カナ表記］を記していますが、フランス語の微妙な発音を［カナ表記］だけで表現するには限界があります。ですから、あくまでも［カナ表記］(特に r p.37) は便宜的なものと思ってください。付属の音声を繰り返し聞きながら、正確な発音を確認してください。

❶ 綴り字の読み方におけるルール

まず、綴り字の読み方の基本的な点に目を通しておきましょう。

(1) 綴り字には、大きく分けて母音字と子音字がありますが、どの綴り字が＜母音字＞で、どの綴り字が＜子音字＞かということを、しっかりと頭に入れておいてください。でないと、この先進んでも理解できなくなりますので。

> ➤ 母音字　＜ a、i、y、u、e、o ＞
> ➤ 子音字　＜母音字以外の b、c、d、f、g、h、j、k .... など＞

(2) 原則として、語末にある母音字＜e＞は発音しません。

発音記号	綴り字	例		意味	
[無音]	e	tabl*e* [tabl]	madam*e* [madam]	テーブル [テーブル]	さん（既婚婦人）[マダム]

(3) 原則として、語末にある子音字は発音しません。しかし、一部発音する子音字もありますので、語末の子音字を発音するかしないかは、辞書の［発音記号］で調べてください。

発音記号	綴り字	例		意味	
[無音]	d	nor*d* [nɔr]	gran*d* [grã]	北 [ノール]	大きい [グホン]
	s	Pari*s* [pari]	vou*s* [vu]	パリ [パリ]	あなた [ヴ]
	t	file*t* [filɛ]	alphabe*t* [alfabɛ]	網 [フィレ]	アルファベット [アルファベ]
	p	siro*p* [siro]	cou*p* [ku]	シロップ [スィホ]	打撃 [ク]

(4) 一般に、語末にある子音字＜ c、f、l、r ＞の多くは発音します。しかし、一部発音しない＜ c、f、l、r ＞もありますので、発音するかしないかは、辞書の［発音記号］で調べてください。

発音記号	綴り字	例		意味	
[k] ［ク］	c	sec [sɛk]	lac [lak]	乾いた ［セック］	湖 ［ラック］
[f] ［フ］	f	canif [kanif]	chef [ʃɛf]	ナイフ ［カニフ］	リーダー ［シェフ］
[l] ［ル］	l	sel [sɛl]	avril [avril]	塩 ［セル］	4月 ［アヴリル］
[r] ［ル］	r	mer [mɛr]	amour [amur]	海 ［メール］	愛 ［アムール］

(5) フランス語では、子音字＜h＞は発音しませんが、リエゾンやエリズィヨン (p.81) を行う＜無音のh＞と、行わない＜有音の†h＞とがあります。有音か無音かは、辞書の有音記号＜†＞で確認してください。

発音記号	綴り字	例		意味	
［無音］	h	h̸omme [ɔm]	h̸eure [œr]	人間 ［オム］	時間 ［ウール］
	† h	h̸ibou [ibu]	h̸ache [aʃ]	フクロウ ［イブ］	斧 ［アッシュ］

28

❷ 母音字

🔊 1-007

単・複合母音字は、1つあるいは2つ以上の母音字で、単一の母音（トレマは除く）を表します。

発音記号	綴り字	例		意味	
[i] [イ]	i	ici [isi]	lit [li]	ここに [イスィ]	ベッド [リ]
	î	île [il]	dîner [dine]	島 [イル]	夕食 [ディネ]
	ï	naïf [naif]	haïr [air]	うぶな [ナイフ]	憎む [アイル]
	y	stylo [stilo]	mystère [mistɛr]	万年筆 [スティロ]	神秘 [ミステール]
[e] [エ]	e*　1	les [le] nez [ne]	pied [pje] chanter [ʃɑ̃te]	定冠詞（複数形） [レ] 鼻 [ネ]	足 [ピエ] 歌う [ションテ]
	é	bébé [bebe]	férié [ferje]	赤ん坊 [ベベ]	祭日の [フェリエ]
[ɛ] [エ]	e*　2	effet [efɛ] sel [sɛl]	avec [avɛk] merci [mɛrsi]	結果 [エッフェ] 塩 [セール]	〜と一緒に [アヴェック] ありがとう [メルスィ]
	è	père [pɛr]	mère [mɛr]	父 [ペール]	母 [メール]
	ê	tête [tɛt]	fête [fɛt]	頭 [テットゥ]	祭り [フェットゥ]
	ë*	Noël [nɔɛl]	canoë [kanɔe]	クリスマス [ノエル]	カヌー [カノエ]
	ei	neige [nɛʒ]	seize [sɛz]	雪 [ネージュ]	16 [セーズ]
	ai*	craie [krɛ]	gai [ge]	チョーク [クレ]	陽気な [ゲ]
	aî	naître [nɛtr]	chaîne [ʃɛn]	生まれる [ネートル]	鎖 [シェーンヌ]
[a] [ɑ] [ア]	a*	ami [ami]	bas [bɑ]	友達 [アミ]	低い [バ]
	à	là [la]	déjà [deʒa]	そこに [ラ]	既に [デジャ]
	â	âme [ɑm]	âge [ɑʒ]	魂 [アーム]	歳 [アージュ]

発音記号	綴り字	例		意味	
[o] [ɔ] [オ]	o*	omelette [ɔmlɛt]	rose [roz]	オムレツ [オムレットゥ]	バラ [ホーズ]
	ô	côté [kote]	tôt [to]	わき腹 [コテ]	早く [ト]
	au*	cause [koz]	autobus [ɔtɔbys]	原因 [コーズ]	バス [オトビュス]
	eau	beau [bo]	cadeau [kado]	美しい [ボ]	プレゼント [カド]
[ø] [œ] [ウ]	eu*	bleu [blø]	seul [sœl]	青い [ブル]	ただひとりの [スール]
	œu*	vœu [vø]	bœuf [bœf]	願い [ヴ]	牛 [ブフ]
[ə] [ウ]	e (音節の切れ目)	menu [məny]	demain [d(ə)mɛ̃]	メニュー [ムニュ]	明日 [ドゥマン]
[u] [ウ]	ou	cou [ku]	soupe [sup]	首 [ク]	スープ [スーブ]
	où	où [u]		どこへ [ウ]	
	oû	goût [gu]	coûter [kute]	味 [グ]	値段が〜である [クテ]
[y] [ユ]	u	lune [lyn]	tu [ty]	月 [リュンヌ]	きみ [テュ]
	û	sûr [syr]	dûment [dymɑ̃]	確かな [スュール]	正式に [デュモン]

➡ *印は、同じ綴り字でも2つ（以上）の発音がある綴り字に付けています。

1 ➡ –es（1音節）、–ed、–ez、–er の発音しない語末子音字の前にある –e は [e] です。

1 ➡ ただし語末の –er の場合、[e] と [ɛr] の発音があります。一般に、–er で終わる動詞や2音節以上の単語は [e]、1音節の短い単語は [ɛr] と発音します。（異なるものもあり）

premier [prəmje]　　aimer [eme]　　　　(amer [amɛr])

mer [mɛr]　　　　　fer [fɛr]

2 ➡ –et、–e + 2子音字、–e +発音する子音字の前にある –e は [ɛ] と発音します。

➡ 例外として、–e [e] [ɛ] [ə] を [a] と発音するものがあります。

femme [fam]　　　solennel [sɔlanɛl]　　　évidemment [evidamɑ̃]

➡ ai、a、au の場合、大部分が [ɛ] [a] [o] と発音することの方が多いです。

➡ bœuf のように o と e がくっついている綴り字を、œ composés [オウコンポゼ] といいます。

❸ 鼻母音を表す綴り

🔊 1-008

＜単母音字 + n、m ＞で、鼻母音を表します。

発音記号	綴り字	例		意味	
[ɛ̃] [アン]	ain	pain [pɛ̃]	main [mɛ̃]	パン [パン]	手 [マン]
	aim	faim [fɛ̃]	daim [dɛ̃]	空腹 [ファン]	スエード皮 [ダン]
	ein	plein [plɛ̃]	teint [tɛ̃]	いっぱいの [プラン]	顔色 [タン]
	eim	Reims [rɛ̃s]		マルヌ県の町 [ランス]	
	in	vin [vɛ̃]	fin [fɛ̃]	ワイン [ヴァン]	終わり [ファン]
	im	simple [sɛ̃pl]	timbre [tɛ̃br]	簡単な [サーンプル]	切手 [ターンブル]
	yn	syndicat [sɛ̃dika]	lynx [lɛ̃ks]	労働組合 [サンディカ]	大山猫 [ランクス]
	ym	sympa [sɛ̃pa]	olympique [ɔlɛ̃pik]	感じのいい [サンパ]	オリンピックの [オランピック]
[œ̃] [アン]	un	un [œ̃]	lundi [lœ̃di]	1 [アン]	月曜日 [ランディ]
	um	parfum [parfœ̃]	humble [œ̃bl]	香水 [パフファン]	謙虚な [アーンブル]
[ɑ̃] [オン]	an	ange [ɑ̃ʒ]	sans [sɑ̃]	天使 [オーンジュ]	～なしに [ソン]
	am	lampe [lɑ̃p]	champ [ʃɑ̃]	電灯 [ローンプ]	畑 [ション]
	en*	encore [ɑ̃kɔr]	encre [ɑ̃kr]	まだ [オンコール]	インク [オーンクル]
	em	temps [tɑ̃]	membre [mɑ̃br]	時 [トン]	メンバー [モーンブル]
	aon	Laon [lɑ̃]		エーヌ県の県庁所在地 [ロン]	
[ɔ̃] [オン]	on	bon [bɔ̃]	oncle [ɔ̃kl]	良い [ボン]	叔父 [オーンクル]
	om	nom [nɔ̃]	ombre [ɔ̃br]	名前 [ノン]	陰 [オーンブル]

➡ ＜母音字+nn、mm＞の場合は鼻母音になりません。 *inn*ocent [inɔsɑ̃]　　*imm*ense [imɑ̃s]
➡ en [ɑ̃] を、[ɛ̃] と発音するものがあります。　　exam*en* [ɛgzamɛ̃]　lycé*en* [lisɛɛ̃]

❹ 半母音を表す綴り

🔊 1-009

(1) ＜ i、y、ou、u＋母音字＞、半母音を表します。

発音記号	綴り字		例		意味	
[j] [ィ]	i、y	母音字	**pied** [pje]	**yeux** [jø]	足 [ピエ]	目 [ィユ]
[w] [ゥ]	ou	母音字	**oui** [wi]	**mouette** [mwɛt]	はい [ゥィ]	カモメ [ムエットゥ]
[ɥ] [ュ]	u	母音字	**nuit** [nɥi]	**buée** [bɥe]	夜 [ニュイ]	水蒸気 [ビュエ]

➡ oi、oî は、[wa] と発音します。
　　m**oi** [mwa]　　　　b**oî**te [bwat]
➡ oin は、[wɛ̃] と発音します。
　　l**oin** [lwɛ̃]　　　　m**oin**s [mwɛ̃]
➡ ien は、[jɛ̃] [jɑ̃] と発音します。
　　ch**ien** [ʃjɛ̃]　　　　sc**ien**ce [sjɑ̃s]

(2) ＜母音字＋il、ill＞

発音記号	綴り字	例		意味	
[aj] [ɑj] [アィユ]	ail*	**bail** [baj]	**rail** [rɑj]	賃貸借 [バィユ]	レール [ハィユ]
	aill*	**médaille** [medaj]	**caille** [kɑj]	メダル [メダィユ]	鶉（うずら） [カィユ]
[ɛj] [エィユ]	eil	**soleil** [sɔlɛj]	**conseil** [kɔ̃sɛj]	太陽 [ソレィユ]	アドバイス [コンセィユ]
	eill	**oreille** [ɔrɛj]	**vieille** [vjɛj]	耳 [オレィユ]	年老いた [ヴィエィユ]
[œj] [ゥィユ]	euil	**fauteuil** [fotœj]	**seuil** [sœj]	ひじ掛け椅子 [フォトゥィユ]	敷居 [スィユ]
	euill	**portefeuille** [pɔrtəfœj]		財布 [ポフトゥフゥィユ]	
	œil	**œil** [œj]		目 [ゥィユ]	
	œill	**œillet** [œjɛ]	**œillade** [œjad]	カーネーション [ゥィエ]	流し目 [ゥィアドゥ]
	ueil	**accueil** [akœj]	**orgueil** [ɔrgœj]	もてなし [アクィユ]	思い上がり [オフグィユ]
	ueill	**accueillir** [akœjir]	**cueillir** [kœjir]	もてなす [アクィイール]	摘む(花・果物) [クィイール]

発音記号	綴り字	例		意味	
[uj] [ウィユ]	ouil	fenouil [fənuj]		ウイキョウ [フヌィユ]	
	ouill	fouille [fuj]	citrouille [sitruj]	検査 [フゥィユ]	西洋カボチャ [スィトフゥィユ]

➡ <子音字＋ill＞の場合、[ij] [il] と発音します。 fille [fij] mille [mil]

(3) ＜ ay、ey、oy、uy ＋母音字＞

発音記号	綴り字	例		意味	
[εj] [ej] [エィ]	ay* 母音字	rayon [rεjɔ̃]	rayer [reje]	光線 [レィヨン]	傷をつける [レィエ]
	ey* 母音字	asseyez-vous [asεjevu]		おすわりなさい [アッセィエヴ]	
[waj] [ワィ]	oy 母音字	moyen [mwajɛ̃]	voyage [vwajaʒ]	手段 [モヮィヤン]	旅行 [ヴォワィヤージュ]
[ɥij] [ウィユ]	uy 母音字	tuyau [tɥijo]	appuyer [apɥije]	パイプ [テュィヨ]	～を押す [アピュィエ]

➡ pays [pei] paysage [peizaʒ] などは [ei] と発音します。
➡ Raymand [rɛmɔ̃] poney [pɔnɛ] などは [ɛ] と発音します。

❺ 子音字

🔊 1-010

子音字に関しては、母音字同様に単・複合子音字などあるのですが、よりわかり易くするために［発音記号］に重点をおいて振り分けています。

➤ 単子音字　　＜ t ＞
➤ 二重子音字　＜ tt ＞
➤ 複合子音字　＜ th ＞

発音記号	綴り字	例		意味	
[t] ［トゥ］	t [1]	**tabac** [taba]	**tigre** [tigr]	タバコ ［タバ］	虎 ［ティーグル］
	tt	**lettre** [lɛtr]	**battre** [batr]	手紙 ［レットル］	殴る ［バットル］
	th	**thé** [te]	**thon** [tɔ̃]	紅茶 ［テ］	マグロ ［トン］
[d] ［ドゥ］	d	**danse** [dɑ̃s]	**candide** [kɑ̃did]	ダンス ［ドンス］	無邪気な ［コンディードゥ］
	dd	**addition** [adisjɔ̃]	**adduction** [adyksjɔ̃]	勘定書 ［アディッスィヨン］	引くこと(ガスなど) ［アデュクスィヨン］
	dh	**adhésion** [adezjɔ̃]		加盟 ［アデズィヨン］	
[k] ［ク］	k	**ski** [ski]	**kaki** [kaki]	スキー ［スキ］	柿 ［カキ］
	qu　母音字	**quel** [kɛl]	**qui** [ki]	どんな ［ケル］	誰が ［キ］
	c { a / o / u　子音字	**café** [kafe] **cube** [kyb]	**coca** [kɔka] **cri** [kri]	コーヒー ［カフェ］ 立方体 ［キューブ］	コーラ ［コカ］ 叫び ［クリ］
	cc { a / o / u	**occase** [ɔkɑz] **occuper** [ɔkype]	**accord** [akɔr]	チャンス ［オカーズ］ 占領する ［オキュペ］	同意 ［アコール］

1 ➡ ti は通常 [ti] [tj] と発音しますが、＜ ti＋母音字＞では一部 [si] [sj] と発音するものもあります。
　　tigre [tigr]　　　　　　　question [kɛstjɔ̃]
　　na*ti*on [nasjɔ̃]　　　　　démocra*ti*e [demɔkrasi]

発音記号	綴り字	例		意味	
[g] [グ]	g { a / o / u / 子音字 }	gare [gar] [ギャール] 駅	gomme [gɔm] [ゴーム] 消しゴム		
		gustatif [gystatif] [ギュスタティーフ] 味覚の	glace [glas] [グラス] 氷		
	gu { e / i / y }	langue [lɑ̃g] [ローング] 舌	guêpe [gɛp] [ゲップ] スズメ蜂		
		guide [gid] [ギッドゥ] 案内人	Guy [gi] [ギ] 人名 (姓)		
	gg	aggraver [agrave] [アグハヴェ] 悪化させる	agglomérer [aglɔmere] [アグロメレ] 固める		
[ks] [クス]	cc { e / i }	accent [aksɑ̃] [アクソン] なまり	succès [syksɛ] [スュクセ] 成功		
		accident [aksidɑ̃] [アクスィドン] 事故	occident [ɔksidɑ̃] [オクスィドン] 西洋		
	母音字 x 母音字	taxi [taksi] [タクスィ] タクシー	fixer [fikse] [フィクセ] 固定する		
	ex 子音字	excellent [ɛksɛlɑ̃] [エクセロン] 優秀な	expliquer [ɛksplike] [エクスプリケ] 説明する		
[gz] [グズ]	ex 母音字	exemple [ɛgzɑ̃pl] [エグゾーンプル] 例	exister [ɛgziste] [エグズィステ] 存在する		
[p] [プ]	p	page [paʒ] [パージュ] ページ	police [pɔlis] [ポリス] 警察		
	pp	appel [apɛl] [アペール] 呼ぶこと	opposer [ɔpoze] [オポゼ] 対立させる		
[b] [ブ]	b* 2	bijou [biʒu] [ビジュ] 宝石	objet [ɔbʒe] [オブジェ] 品物		
	bb	abbaye [abei] [アベイ] 大修道院	dribbler [drible] [ドリブレ] ドリブルする		
[f] [フ]	f	feu [fø] [フ] 火	neuf [nœf] [ヌフ] 9		
	ff	effort [efɔr] [エッフォール] 努力	affiche [afiʃ] [アフィッシュ] ポスター		
	ph	photo [fɔto] [フォト] 写真	physique [fizik] [フィズィック] 物理学		

2 ➡ s、tの前にあるb [b] は、[p] と発音します。
absent [apsɑ̃]　　　　　obtenir [ɔptənir]

発音記号	綴り字	例		意味	
[v] [ヴ]	v	vie [vi]	vent [vɑ̃]	生命 [ヴィ]	風 [ヴォン]
[s] [ス]	s	salon [salɔ̃]	rester [rɛste]	応接間 [サロン]	とどまる [レステ]
	母音字 ss 母音字	poisson [pwasɔ̃]	message [mesaʒ]	魚 [ポワッソン]	伝言 [メッサージュ]
	sc { e / i	desceller [desele] science [sjɑ̃s]	scénario [senarjo] piscine [pisin]	取り除く [デセレ] 科学 [スィオンス]	脚本 [セナリオ] プール [ピスィーヌ]
	c { e / i / y	cela [səla] ciel [sjɛl]	célèbre [selɛbr] bicyclette [bisiklɛt]	そのこと [スラ] 空 [スィエル]	有名な [セレーブル] 自転車 [ビスィクレットゥ]
	ç { a / o / u	ça [sa] déçu [desy]	façon [fasɔ̃]	それ [サ] 失望した [デスュ]	仕方 [ファッソン]
	x (基数)	six [sis]	soixante [swasɑ̃t]	6 [スィス]	60 [ソワソントゥ]
[z] [ズ]	母音字 s* 母音字	poison [pwazɔ̃]	maison [mɛzɔ̃]	毒 [ポワゾン]	家 [メゾン]
	z	zéro [zero]	gaz [gɑz]	ゼロ [ゼホ]	ガス [ギャーズ]
	x (序数)	sixième [sizjɛm]	dixième [dizjɛm]	6番目の [スィズィエンム]	10番目の [ディズィエンム]
[sk] [スク]	sc { a / o / u	escalier [ɛskalje] masculin [maskylɛ̃]	scolaire [skɔlɛr]	階段 [エスカリエ] 男性の [マスキュラン]	学校の [スコレール]
[ʃ] [シュ]	ch	chambre [ʃɑ̃br]	dimanche [dimɑ̃ʃ]	部屋 [ショーンブル]	日曜日 [ディモンシュ]
	sch	schéma [ʃema]	schiste [ʃist]	図表 [シェマ]	片岩 [シストゥ]

発音記号	綴り字		例		意味	
[ʒ] [ジュ]	j		jour [ʒur]	juin [ʒɥɛ̃]	日 [ジュール]	6月 [ジュアン]
	g	e i y	genou [ʒ(ə)nu] gifle [ʒifl]	gène [ʒɛn] gym [ʒim]	膝 [ジュヌ] 平手打ち [ジッフル]	遺伝子 [ジェーヌ] 体操 [ジム]
	ge	a o u	geai [ʒɛ] gageure [gaʒyr]	Georges [ʒɔrʒ]	かけす(鳥) [ジェ] 向こう見ずな行為 [ギャジュール]	人名 (名) [ジョーフジュ]
[l] [ル]	l		lit [li]	fil [fil]	ベッド [リ]	糸 [フィール]
	ll		salle [sal]	aller [ale]	広間 [サール]	行く [アレ]
[r] [ル]	r		arbre [arbr]	rose [roz]	木 [アフブル]	バラ [ホーズ]
	rr		arrêt [arɛ]	correct [kɔrɛkt]	停止 [アレ]	正しい [コレクトゥ]
	rh		rhabiller [rabije]	Rhône [ron]	再び着せる [ハビエ]	ローヌ川 [ホーヌ]
[m] [ム]	m		mot [mo]	maman [mamɑ̃]	単語 [モ]	お母さん [マモン]
	mm		homme [ɔm]	femme [fam]	男性 [オム]	女性 [ファム]
[n] [ヌ]	n		nous [nu]	nage [naʒ]	私たち [ヌ]	水泳 [ナージュ]
	nn		année [ane]	tennis [tenis]	1年 [アネ]	テニス [テニス]
[ɲ] [ニュ]	gn		ligne [liɲ]	ignorer [iɲɔre]	線 [リーニュ]	知らない [イニョレ]

➡ w には、[w] [v] の発音があります。
　　week-end [wikɛnd]　　wagon [vagɔ̃]
➡ また k と w は、上記のように本来フランス語ではない外来語に多く見られます。
　　kilogramme [kilɔgram]　ketchup [kɛtʃœp]

❻ 綴り字と音の練習

よく似た単語（綴り字）の微妙な違いを理解し、正しい発音を身につけましょう。

🔊 1-011

(1) 母音字

[i] [e] [ɛ]

1) dix des dès
 [di] [de] [dɛ]
2) prix pré près
 [pri] [pre] [prɛ]
3) mie mes mai
 [mi] [me] [mɛ]
4) dormi dormez dormais[1]
 [dɔrmi] [dɔrme] [dɔrmɛ]

[ə] [e]

1) le les
 [lə] [le]
2) me mes
 [m(ə)] [me]
3) ce ces
 [s(ə)] [se]
4) de des
 [də] [de]

[a] [ɑ]

1) age âge
 [aʒ] [ɑʒ]
2) patte pâte
 [pat] [pɑt]

[o] [ɔ]

1) côte cote
 [kot] [kɔt]
2) vôtre votre
 [votr] [vɔtr]
3) saule sol
 [sol] [sɔl]
4) paume pomme
 [pom] [pɔm]

[ø] [œ]

1) jeûne jeune
 [ʒøn] [ʒœn]
2) peut peuvent[2]
 [pø] [pœv]
3) bœufs bœuf[3]
 [bø] [bœf]

[u] [y]
1) doux　　　du
　　[du]　　　[dy]
2) tout　　　tu
　　[tu]　　　[ty]
3) cours　　cure
　　[kur]　　[kyr]
4) dessous　dessus
　　[d(ə)su]　[d(ə)sy]

[u] [œ]
1) cour　　　cœur
　　[kur]　　[kœr]
2) sourd　　sœur
　　[sur]　　[sœr]
3) pour　　　peur
　　[pur]　　[pœr]
4) bourre　　beurre
　　[bur]　　[bœr]

[u] [ø]
1) fou　　　feu
　　[fu]　　　[fø]
2) joue　　　jeu
　　[ʒu]　　　[ʒø]
3) doux　　　deux
　　[du]　　　[dø]
4) douzième　deuxième
　　[duzjɛm]　[døzjɛm]

1 ➡ 動詞 dormir の、過去分詞 — 直説法現在 — 直説法半過去の発音です。
2 ➡ 動詞 pouvoir の、直説法現在（3人称単数）— 直説法現在（3人称複数）の発音です。
3 ➡ 名詞 bœuf の、複数形 — 単数形の発音です。

(2) 鼻母音を表す綴り　　　🔊 1-012

[ɛ̃] [œ̃]
1) brin　　　brun
　　[brɛ̃]　　[brœ̃]

[ɑ̃] [ɔ̃]
1) ban　　　bon
　　[bɑ̃]　　[bɔ̃]
2) blanc　　blond
　　[blɑ̃]　　[blɔ̃]
3) mante　　monte
　　[mɑ̃t]　　[mɔ̃t]
4) trempe　　trompe
　　[trɑ̃p]　　[trɔ̃p]

[ɛ̃] [ɑ̃]

1) **cinq**[1]　　**cent**
　[sɛ̃]　　　[sɑ̃]
2) **bain**　　　**ban**
　[bɛ̃]　　　[bɑ̃]
3) **étein**dre　**éten**dre
　[etɛ̃dr]　　[etɑ̃dr]
4) **im**porter　**em**porter
　[ɛ̃pɔrte]　　[ɑ̃pɔrte]

[ɛ̃] [ɑ̃] [ɔ̃]

1) **lin**　　　**lent**　　　**long**
　[lɛ̃]　　　[lɑ̃]　　　[lɔ̃]
2) **tain**　　**tant**　　**ton**
　[tɛ̃]　　　[tɑ̃]　　　[tɔ̃]
3) **rein**　　**rang**　　**rond**
　[rɛ̃]　　　[rɑ̃]　　　[rɔ̃]
4) **thym**　**temps**　**thon**
　[tɛ̃]　　　[tɑ̃]　　　[tɔ̃]
5) **pein**dre　**pen**dre　**pon**dre
　[pɛ̃dr]　　[pɑ̃dr]　　[pɔ̃dr]

1 ➡ 数詞 cinq [sɛ̃k] は、子音（または有音の h）の前では [sɛ̃] と発音します。

[ɔ̃] [ɛ̃] [ã]

1) son   sein   sang
   [sɔ̃]   [sɛ̃]   [sã]
2) pont   pain   pan
   [pɔ̃]   [pɛ̃]   [pã]
3) vont[2]   vin   vent
   [vɔ̃]   [vɛ̃]   [vã]
4) front   frein   franc
   [frɔ̃]   [frɛ̃]   [frã]
5) tondre   teindre   tendre
   [tɔ̃dr]   [tɛ̃dr]   [tãdr]

2 ➡ 動詞 aller の、直説法現在（3人称複数）の発音です。

(3) 半母音を表す綴り　　　　　　　　　　　🔊 1-013

[j]

1) avez   aviez
   [ave]   [avje]
2) voulez   vouliez
   [vule]   [vulje]
3) allons   allions
   [alɔ̃]   [aljɔ̃]
4) cherchons cherchions
   [ʃɛrʃɔ̃]   [ʃɛrʃjɔ̃]

[w] [ɥ]

1) fouir   fuir
   [fwir]   [fɥir]
2) Louis   lui
   [lwi]   [lɥi]
3) noué   nuée
   [nwe]   [nɥe]
4) mouette   muette
   [mwɛt]   [mɥɛt]

➡ [j] は、動詞（上記から）avoir、vouloir、aller、chercher の直説法現在―直説法半過去の発音です。

(4) 子音字　　　　　　　　　　　　　　　　🔊 1-014

[t] [d]

1) tes   des
   [te]   [de]
2) toux   doux
   [tu]   [du]
3) tard   dard
   [tar]   [dar]

[k] [g]

1) qui   Guy
   [ki]   [gi]
2) câble   gâble
   [kɑbl]   [gɑbl]
3) crosse   grosse
   [krɔs]   [gros]

[p] [b]

1) **pot** [po] — **bot** [bo]
2) **pal** [pal] — **bal** [bal]
3) **pain** [pɛ̃] — **bain** [bɛ̃]

[b] [v]

1) **bis** [bis] — **vis** [vis]
2) **beau** [bo] — **veau** [vo]
3) **libre** [libr] — **livre** [livr]

[ʃ] [ʒ]

1) **cache** [kaʃ] — **cage** [kaʒ]
2) **chou** [ʃu] — **joue** [ʒu]
3) **chai** [ʃɛ] — **geai** [ʒɛ]

[m] [n] [ɲ]

1) **âme** [ɑm] — **âne** [ɑn] — **agneau** [aɲo]
2) **sommet** [sɔmɛ] — **bonnet** [bɔnɛ] — **poignet** [pwaɲɛ]
3) **sème** [sɛm] — **saine** [sɛn] — **seigneur** [sɛɲœr]

[f] [v]

1) **fou** [fu] — **vous** [vu]
2) **faim** [fɛ̃] — **vain** [vɛ̃]
3) **naïf** [naif] — **naïve** [naiv]

[s] [z]

1) **sou** [su] — **zou** [zu]
2) **douce** [dus] — **douze** [duz]
3) **poisson** [pwasɔ̃] — **poison** [pwazɔ̃]

[l] [r]

1) **val** [val] — **Var** [var]
2) **lit** [li] — **riz** [ri]
3) **long** [lɔ̃] — **rond** [rɔ̃]

4課 発音・読み取り練習

❶ 音節の切り方

　この課は、正しい発音を身につける事と単語の読み取り練習のために作成していますが、フランス語の単語を読む際に、音節の切り方を覚えておくと便利ですので、主な綴り字上の切り方について触れておきましょう。

　音節は、母音を中心として周りに子音を伴い構成している音の単位で、どの音節にも必ず1つの母音が含まれています。

(1) ＜子音字＋単・複合母音字＞は、1音節として切ります。

　　　samedi 　⇒ sa/me/di　　　　leçon 　⇒ le/çon
　　　caméra 　⇒ ca/mé/ra　　　　maison 　⇒ mai/son
　　　bateau 　⇒ ba/teau　　　　 agiter 　⇒ a/gi/ter

(2) ＜子音字＋子音字＞は、子音字間で切ります。

　　　terre 　　⇒ ter/re　　　　　poste 　　⇒ pos/te
　　　semelle 　⇒ se/mel/le　　　 imparfait ⇒ im/par/fait

(3) ＜複合子音字 rh, ph, ch など＞と、＜子音字(l, r, n 以外)＋l, r, n＞の子音字間は切りません。

　　　vignoble ⇒ vi/gno/ble　　　 titre 　　⇒ ti/tre
　　　chapelet ⇒ cha/pe/let　　　 flacon 　 ⇒ fla/con

> ➡ 語末の子音字は、その前にある母音字とともに1音節として切ります。
> 　　finir → fi/nir　終える　　exprès → ex/près　速達

❷ 練習

　練習ですが、あまり難しく考えないでください。日本語でいう「ア、イ、ウ、エ、オ」「ガ、ギ、グ、ゲ、ゴ」「パ、ピ、プ、ペ、ポ」「ジャ、ジュ、ジョ」「ニャ、ニュ、ニョ」のような発音練習（上段）から始めて、次に単語の読み取り練習（下段）に入ります。

　まず音声でフランス語の発音を聞きながら、上段の発音練習を繰り返し行ってください。次に下段へ入りますが、ここでは単語の読み取りに集中するため、[発音記号] や [カナ表記] は付けていません。ほとんど初めて見る単語ばかりだと思いますが、綴り字を拾いながら新単語の読み取り練習を行ってください。文法の 29 課以降は、活用や必要な例文以外に [カナ表記] は付けていませんので、ここで単語が読める程度の力はつけておきましょう。

[1]

(1) 音声を聞きながら、フランス人の発音に合わせて発音練習をしてみましょう。

（1回目→左から右・2回目→上から下） 🔊 1-015

é	e	ê	e	è	e	é	e	è
e	u	y	i	u	i	e	u	y
a	o	i	y	e	u	a	è	o
y	u	e	o	i	ê	u	a	u
i	a	u	e	é	o	y	u	i

(2) 単語の読み取り練習をしてみましょう。

（上から下） 🔊 1-016

papa	パパ	nylon	ナイロン	cerise	さくらんぼ
ami	友達	système	方法	clé	鍵
bâton	棒	python	ニシキヘビ	éléphant	象
idée	アイデア	pyramide	ピラミッド	élève	生徒
midi	正午	tube	パイプ	fôret	森林
hibou	フクロウ	sujet	主題	fenêtre	窓
maïs	とうもろこし	bûche	薪	rivière	川
égoïste	身勝手な	petit	小さい	frère	兄・弟
héroïque	英雄的な	demi	半分の	domino	ドミノ
type	タイプ	tenue	服装	olive	オリーブの実

[2]
(1) 音声を聞きながら、フランス人の発音に合わせて発音練習をしてみましょう。　（1回目→左から右・2回目→上から下）　◀1-017

ra	ré	rè	rê	re
ry	ro	re	ru	ri
rha	rho	rhé	rhu	rhi
ar	or	ur	ir	er [εr]

(2) 単語の読み取り練習をしてみましょう。

（上から下）　◀1-018

rat	ネズミ	ruche	蜜蜂の巣	arme	武器
radis	ラディッシュ	rhume	風邪	carton	段ボール箱
râpe	おろし金	régime	体制	marché	市場
rôti	ロースト	réaction	反応	ordre	順序
robe	ドレス	récépissé	受領書	porte	ドア
roche	岩	rêve	夢	urbain	都市の
repas	食事	crème	クリーム	urgence	緊急
repos	休息	riz	米	sortir	外出する
regard	視線	rire	笑う	offrir	プレゼントする
rue	通り	rythme	リズム	mer	海
ruban	リボン	Rhin	ライン川	vernis	ニス

[3]
(1) 音声を聞きながら、フランス人の発音に合わせて発音練習をしてみましょう。　　　　　　　（1回目→左から右・2回目→上から下）　🔊 1-019

lo	lé	lê	lè	ly
la	lu	le	li	lu
al	ol	el	ul	il

(2) 単語の読み取り練習をしてみましょう。
　　　　　　　　　　　　　　　　　　　　（上から下）　🔊 1-020

lapin	うさぎ	lycée	高校	volcan	火山
larme	涙	lune	月	récolte	収穫
place	広場	lumière	光	bocal	広口ビン
loto	ロト	volume	体積	cheval	馬
local	地方の	léger	軽い	utile	役立つ
pilote	パイロット	lèvre	唇	ultra	極右の
lire	読む	lecture	読書	calcul	計算
lilas	ライラック	légume	野菜	label	ラベル
lys	百合	tellement	とても	miel	蜂蜜
lyre	竪琴	bol	大コップ	tunnel	トンネル

47

[4]

(1) 音声を聞きながら、フランス人の発音に合わせて発音練習をしてみましょう。

（1回目→左から右・2回目→上から下） 🔊1-021

ma	mi	me	mé	mo	mu
mar	mir	mer	mè	mor	mur
mal	mil	mel	mê	mol	mul

(2) 単語の読み取り練習をしてみましょう。

（上から下） 🔊1-022

mot	単語	minute	分	mordant	噛む
mode	流行	muet	無言の	morceau	一片
melon	メロン	muguet	スズラン	dormir	眠る
pomme	リンゴ	mer	海	animal	動物
arme	武器	merle	黒ツグミ	mille	千の
même	同じ	mare	水たまり	mulot	野ネズミ
numéro	番号	marge	余白	mule	ミュール
maman	ママ	mur	壁	môle	マンボウ
macaron	マカロン	mûre	桑の実	mollet	ふくらはぎ

[5]
(1) 音声を聞きながら、フランス人の発音に合わせて発音練習をしてみましょう。 （1回目→左から右・2回目→上から下） 🔊1-023

no	ne	nu	ni	na	né
nor	ner	nur	nir	nar	nê
nol	nel	nul	nil	nal	nè

(2) 単語の読み取り練習をしてみましょう。
（上から下） 🔊1-024

nid	巣	note	メモ	punir	罰する
Nice	ニース	novice	新米の	venir	来る
niveau	レベル	nèfle	西洋カリンの実	nard	甘松香
nage	水泳	néfaste	有害な	narguer	軽蔑する
ananas	パイナップル	matinée	午前中	nerveux	神経の
âne	ロバ	menu	メニュー	nul	無の
épine	棘	nuage	雲	banal	平凡な
prune	西洋スモモ	nord	北	chenil	猟犬の小屋
banane	バナナ	normal	正常な		

49

[6]
(1) 音声を聞きながら、フランス人の発音に合わせて発音練習をしてみましょう。

（1回目→左から右・2回目→上から下） 🔊1-025

po	pu	pe	pi	pa
pol	pul	pel	pil	pal
por	pur	per	pir	par
plo	plu	plé	pli	pla
pro	pru	prê	pri	pra

(2) 単語の読み取り練習をしてみましょう。

（上から下） 🔊1-026

pot	つぼ	pire	より悪い	plomb	鉛
puce	ノミ	porc	豚肉	plume	羽
pipe	パイプ	port	港	parapluie	傘
parade	パレード	pur	純粋な	prier	祈る
pâle	青白い	purge	下剤	prix	値段
pile	電池	percé	穴の開いた	pré	小牧場
pôle	極地	perche	竿	pratique	現実的な
pull	セーター	départ	出発	praline	プラリーヌ
pulpe	果肉	plier	折る	prudence	慎重
pelle	シャベル	plage	浜辺	pruneau	干しスモモ
chapelle	礼拝堂	placard	戸棚	problème	問題

[7]
(1) 音声を聞きながら、フランス人の発音に合わせて発音練習をしてみましょう。　(1回目→左から右・2回目→上から下)　🔊1-027

ba	bu	bo	be	bi
bal	bul	bol	bel	bil
bar	bur	bor	ber	bir
bla	blu	blo	blé	bli
bra	bru	bro	brè	bri

(2) 単語の読み取り練習をしてみましょう。
(上から下)　🔊1-028

but	目標	Belgique	ベルギー	agréable	楽しい
buée	水蒸気	birbe	老いぼれ	bras	腕
botte	長靴	barbe	ひげ	brasse	平泳ぎ
bobine	糸巻	barque	小船	bruit	騒音
biberon	哺乳ビン	berceau	揺りかご	brume	もや
cabine	キャビン	bordure	縁	bref	(時間)短い
cabane	小屋	éburné	象牙のような	brebis	雌羊
baleine	鯨	bloc	塊	bronze	ブロンズ
bal	舞踏会	bluter	篩い分ける	broche	焼き串
bulle	泡	blague	冗談	abri	避難所
mobile	動く	établi	確立した	bricolage	日曜大工

[8]
(1) 音声を聞きながら、フランス人の発音に合わせて発音練習をしてみましょう。　　　　　　　（1回目→左から右・2回目→上から下）🔊1-029

ti	tu	te	to	ta
thi	thu	thé	tho	tha
til	tul	tel	tol	tal
tir	tur	ter	tor	tar
tri	tru	tre	tro	tra

(2) 単語の読み取り練習をしてみましょう。

（上から下）🔊1-030

tenir	握る	thé	紅茶	culture	文化
timide	内気な	théâtre	演劇	mentir	うそをつく
tapis	じゅうたん	Thaïlande	タイ	sentir	感じる
tube	パイプ	tard	遅く	truc	秘訣
tulipe	チューリップ	tarte	タルト	truite	マス
tomate	トマト	tortue	亀	truffe	トリュフ
total	全体の	torche	松明（たいまつ）	triste	悲しい
subtil	繊細な	tergal	背部の	ministre	大臣
tôle	鉄板	terminer	終える	trop	過度に
tulle	チュール（織物）	turbot	イシビラメ	trace	足跡

[9]
(1) 音声を聞きながら、フランス人の発音に合わせて発音練習をしてみましょう。　（1回目→左から右・2回目→上から下）　🔊 1-031

da	do	du	di	de	dé
dal	dol	dul	dil	del	dè
dar	dor	dur	dir	der	dy
dra	dro	dri	dru	dre	dré

(2) 単語の読み取り練習をしてみましょう。
　　　　　　　　　　　　　　　　　　（上から下）　🔊 1-032

duo	デュエット	adulte	成人	ordure	ゴミ
dune	砂丘	dalle	敷石	dard	（蜂などの）針
date	日付	idole	アイドル	darne	（魚）切り身
datte	なつめ椰子	modèle	模範	dru	密生した
dos	背中	crocodile	ワニ	drap	シーツ
dommage	損害	dernier	最後の	dragon	竜
salade	サラダ	dorloter	甘やかす	drôle	おかしい
malade	病気の	grandir	成長する	drille	ドリル
mardi	火曜日	dire	言う	foudre	雷
disque	レコード	dur	固い	attendre	待つ

[10]
(1) 音声を聞きながら、フランス人の発音に合わせて発音練習をしてみましょう。　　　　　　　　　（1回目→左から右・2回目→上から下） 🔊1-033

fo	fe	fi	fa	fu	pha
for	fer	fir	far	fur	pho
fol	fel	fil	fal	ful	phe
fro	fre	fri	fra	fru	phi
flo	fle	fli	fla	flu	phé

(2) 単語の読み取り練習をしてみましょう。　　　　　　　　　　　　　　　　　　　　　　（上から下） 🔊1-034

féliciter	祝福する	forme	形	flûte	フルート
fête	祭り	furtif	ひそかな	fleuve	河
fumée	煙	file	（縦）列	falaise	絶壁
farine	小麦粉	fulgurant	閃光を放つ	flocon	フレーク
affaire	用件	fragile	壊れやすい	siphon	サイフォン
fenil	乾し草小屋	fredonner	（歌を）口ずさむ	Sophie	人名（名）
folie	狂気	frigo	冷蔵庫	graphe	グラフ
ferme	農家	frites	フライドポテト	phénix	不死鳥
firme	商会	fruit	果物	phare	灯台
fardeau	重荷	fromage	チーズ	pharmacie	薬局

[11]
(1) 音声を聞きながら、フランス人の発音に合わせて発音練習をしてみましょう。
（1回目→左から右・2回目→上から下） 🔊 1-035

va	vi	ve	vo	vu
val	vil	vel	vol	vul
var	vir	ver	vor	vur
vra	vri	vre	vro	vru

(2) 単語の読み取り練習をしてみましょう。
（上から下） 🔊 1-036

vue	視覚	vilain	聞き分けのない	navire	（大型）船
vélo	自転車	velcro	マジックテープ	avare	けちな
cuve	タンク	svelte	すらりとした	vareuse	部屋着
vedette	スター	voltige	空中ブランコ	vrai	本当の
vipère	まむし	aval	保証（手形）	ouvrage	作品
avion	飛行機	valeur	価値	livre	本
avocat	弁護士	vulgaire	下品な	vivre	生きる
vocation	天職	verre	ガラス	vroum	（擬音）ブルン
motivation	動機	verbe	動詞	ivrogne	酔った
ville	都市	virgule	コンマ	couvrir	覆う

[12]
(1) 音声を聞きながら、フランス人の発音に合わせて発音練習をしてみましょう。　（1回目→左から右・2回目→上から下）　🔊 1-037

ca	cu	co		que	ko
cal	cul	col		qué	ke
car	cur	cor		qua	ké
cla	clu	clo	cle	qui	ka
cra	cru	cro	cri	quo	ki

(2) 単語の読み取り練習をしてみましょう。

（上から下）　🔊 1-038

cave	地下室	calme	静かな	cloche	鐘
carotte	人参	culbute	でんぐり返し	inclus	含まれた
cube	立方体	cri	叫び	conclure	（契約）結ぶ
écume	泡	cristal	水晶	coque	木の実の殻
copain	友達	cru	生の	coquelicot	ヒナゲシ
cocorico	コケコッコー	éclat	爆発音	boutique	店
cure	治療	crabe	カニ	qualité	品質
curry	カレー	crête	鶏冠（とさか）	quotidien	毎日の
carte	カード	cravate	ネクタイ	kaki	柿
corbeau	カラス	croquette	コロッケ	ski	スキー
colle	糊	boucle	締め金	koala	コアラ

[13]

(1) 音声を聞きながら、フランス人の発音に合わせて発音練習をしてみましょう。

（1回目→左から右・2回目→上から下）　🔊1-039

cho	che	chu	cha	chi	ché
chor	cher	chur	char	chir	chê
chol	chel	chul	chal	chil	chè
sché	schè	schu	scha	schi	

(2) 単語の読み取り練習をしてみましょう。

（上から下）　🔊1-040

fichu	破損した	chocolat	チョコレート	vache	雌牛
chic	粋な	chômage	失業	schiste	片岩
Chine	中国	chêne	柏	schème	図式
Chili	チリ	chèvre	山羊	châle	ショール
chiffon	雑巾	chèque	小切手	chaleur	暑さ
chat	猫	chemise	シャツ	chéri	最愛の
château	城館	cheminée	暖炉	charbon	炭
chute	落下	pêche	桃	chirurgien	外科医
parachute	パラシュート	poche	ポケット	réfléchir	よく考える
chose	品物	niche	犬小屋	chercher	探す

[14]
(1) 音声を聞きながら、フランス人の発音に合わせて発音練習をしてみましょう。
（1回目→左から右・2回目→上から下） 🔊 **1-041**

ga	go	gu		gue
gar	gor	gur		gué
gal	gol	gul		guê
gra	gro	gru	gri	gui
gla	glo	glu	gli	guy

(2) 単語の読み取り練習をしてみましょう。
（上から下） 🔊 **1-042**

gamin	腕白な	grume	樹皮	glace	氷
gobelet	（脚なし）コップ	gros	太い	gland	どんぐり
gomme	消しゴム	grotte	洞窟	global	全体の
gare	駅	gril	焼網	gluant	ねばねばした
gorge	喉	grippe	インフルエンザ	glucide	炭水化物
figure	顔つき	grade	階級	vague	波
égal	等しい	gravure	版画	bague	指輪
golfe	湾	règle	規則	guêpe	スズメバチ
tigre	トラ	ongle	爪	gueule	（獣・魚）口
grue	鶴	église	教会	guitare	ギター

[15]
(1) 音声を聞きながら、フランス人の発音に合わせて発音練習をしてみましょう。

（1回目→左から右・2回目→上から下） 1-043

ja	ju	jo	ji	je
jal	jul	jol	jil	jel
jar	jur	jor	jir	jer
gy	gé	gi	gê	ge
gea	geu	geo		

(2) 単語の読み取り練習をしてみましょう。

（上から下） 1-044

jupe	スカート	page	ページ	gypse	ギブス
judo	柔道	cage	鳥かご	gager	保証する
jour	日	cirage	ワックス塗り	gémir	（苦痛）うめく
joue	頬	orage	雷雨	genêt	エニシダ
jars	雄ガチョウ	image	絵	gelure	しもやけ
jardin	庭	rougir	赤面する	geai	カケス
Japon	日本	bougie	ろうそく	cageot	かご
joli	きれいな	gigot	（羊）もも肉	pigeon	ハト
julep	水薬	girafe	キリン	gageure	難事
jaloux	嫉妬深い	gyrophare	（救急車）回転灯	nageoire	（魚）ひれ

[16]
(1) 音声を聞きながら、フランス人の発音に合わせて発音練習をしてみましょう。　（1回目→左から右・2回目→上から下）　◀1-045

to	ro	bo	mo
pau	gau	fau	jau
seau	peau	veau	beau
clau	flo	pleau	glau
treau	prau	dro	vreau

(2) 単語の読み取り練習をしてみましょう。
（上から下）　◀1-046

tôt	早く	eau	水	taupe	モグラ
moto	オートバイ	bateau	船	saule	柳
rôti	ロースト	poteau	柱	faute	過ち
hôtel	ホテル	tableau	絵画	gauche	左の
hôpital	病院	rouleau	ローラー	épaule	肩
robot	ロボット	chapeau	帽子	taureau	雄牛
poète	詩人	chameau	ラクダ	crapaud	ヒキガエル
horaire	時刻表	drapeau	旗	automne	秋
logement	住居	pruneau	干しスモモ	autruche	ダチョウ

[17]
(1) 音声を聞きながら、フランス人の発音に合わせて発音練習をしてみましょう。　（1回目→左から右・2回目→上から下）　🔊1-047

coi	choi	goi	foi	noi
doi	voi	boi	poi	joi
ploi	floi	bloi	cloi	quoi
groi	croi	proi	broi	troi

(2) 単語の読み取り練習をしてみましょう。
　　　　　　　　　　　　　　　　（上から下）　🔊1-048

loi	法律	voile	ベール	poitrine	胸
roi	国王	voiture	車	poireau	ポロネギ
oie	雁（ガン）	pivoine	シャクヤク	armoire	タンス
joie	喜び	couloir	廊下	mémoire	記憶
foire	フェア	boire	飲む	choisir	選ぶ
noix	クルミ	bois	木	mouchoir	ハンカチーフ
trois	3	boîte	箱	doigt	指
toile	布	étoile	星	droit	権利
toiture	屋根	poids	重さ	croix	十字架
voix	声	poire	洋梨	coiffure	ヘアスタイル

[18]
(1) 音声を聞きながら、フランス人の発音に合わせて発音練習をしてみましょう。
(1回目→左から右・2回目→上から下) 🔊1-049

dou	gou	pou	nou	sou	jou
fou	bou	vou	rou	lou	kou
chou	flou	plou	blou	clou	trou
pour	crou	prou	frou	trou	frou

(2) 単語の読み取り練習をしてみましょう。
(上から下) 🔊1-050

vous	あなたは	trou	穴	louer	賃借りする
joue	頬	route	道路	cour	中庭
pouce	親指	tour	塔	coude	肘
poupée	人形	toupie	こま	course	走ること
douche	シャワー	bouche	口	clou	釘
moule	(菓子)型	bourse	奨学金	chou	キャベツ
mouche	ハエ	blouse	作業着	groupe	グループ
bijou	宝石	tambour	太鼓	gourde	水筒
four	オーブン	loup	オオカミ	souci	心配
fourmi	アリ	loupe	ルーペ	soucoupe	ソーサー

[19]
(1) 音声を聞きながら、フランス人の発音に合わせて発音練習をしてみましょう。

（1回目→左から右・2回目→上から下） 🔊1-051

ton	lon	ron	nom	fon
mon	don	pom	von	bon
blon	jon	gron	son	tron
con	glon	pron	plom	bron

(2) 単語の読み取り練習をしてみましょう。

（上から下） 🔊1-052

pont	橋	jupon	ペチコート	blond	金髪の
coton	綿	nom	姓	plongée	ダイビング
violon	バイオリン	prénom	名	ongle	爪
pompe	ポンプ	canon	大砲	savon	石鹸
pompon	玉ふさ	rond	丸い	sombre	暗い
bouton	ボタン	héron	アオサギ	sondage	（世論）調査
ballon	ボール	front	額	mouton	羊
concours	コンクール	tronc	幹	bonbon	キャンデー
confiture	ジャム	gronder	（子供を）叱る	bouchon	栓
concombre	きゅうり	bronche	気管支	capuchon	頭巾

[20]
(1) 音声を聞きながら、フランス人の発音に合わせて発音練習をしてみましょう。　（1回目→左から右・2回目→上から下）　🔊1-053

meu	seu	peu	veu
reu	treu	creu	dreu
gleu	bleu	pleu	fleu
cœu	bœu	leur	peur

(2) 単語の読み取り練習をしてみましょう。
（上から下）　🔊1-054

jeu	遊び	demeure	邸宅	sœur	姉・妹
jeudi	木曜日	beurre	バター	fleur	花
bleu	青い	fleuve	河	odeur	匂い
seul	ただ1つの	pieuvre	タコ	facteur	郵便配達員
aveu	告白	couleuvre	ヘビ	chaleur	暑さ
pieu	杭	œuvre	作品	docteur	医者
yeux	目	cœur	心臓	couleur	色
meule	碾臼（ひきうす）	bœuf	牛	bonheur	幸福

[21]
(1) 音声を聞きながら、フランス人の発音に合わせて発音練習をしてみましょう。

（1回目→左から右・2回目→上から下） 🔊1-055

gan	jam	ban	sam
cen	mem	den	tem
cran	fran	plan	bran
tren	glan	blan	cham

(2) 単語の読み取り練習をしてみましょう。

（上から下） 🔊1-056

gant	手袋	gens	人々	taon	アブ
danse	ダンス	vent	風	paon	孔雀
santé	健康	dent	歯	faon	子鹿
samba	サンバ	tente	テント	cran	（ベルト）穴
enfant	子供	trente	30	camp	キャンプ
chanson	歌	cendre	灰	jambe	脚
chambre	部屋	menton	顎	blanc	白い
pantalon	ズボン	pendant	〜の間	branche	枝
patience	忍耐	tempête	嵐	français	フランスの

[22]
(1) 音声を聞きながら、フランス人の発音に合わせて発音練習をしてみましょう。　（1回目→左から右・2回目→上から下）　🔊1-057

fin	pin	tim	rin
trin	crin	brin	prin
main	faim	bain	grain
cein	tein	reim	plein

(2) 単語の読み取り練習をしてみましょう。
（上から下）　🔊1-058

lin	亜麻	poussin	ひよこ	essaim	蜂蜜の群れ
serin	カナリア	chemin	道	écrivain	作家
marin	海の	faim	空腹	timbale	ティンパニー
sapin	モミ	train	列車	sein	乳房
pantin	操り人形	grain	穀物	rein	腎臓
dindon	（雄）七面鳥	refrain	リフレイン	frein	ブレーキ
rinçage	水洗い	terrain	土地	peinture	絵画

[23]
(1) 音声を聞きながら、フランス人の発音に合わせて発音練習をしてみましょう。

（1回目→左から右・2回目→上から下）　🔊1-059

loin	moin	soin	poin	roin
foin	boin	doin	coin	join
gloin	groin	cloin	ploin	broin

(2) 単語の読み取り練習をしてみましょう。

（上から下）　🔊1-060

foin	干し草	moins	より少なく	pointu	（先の）とがった
coin	角	loin	遠く	poinçon	きり
soin	入念さ	lointain	はるかな	pointure	（靴など）サイズ
point	点	besoin	必要	coing	マルメロ
pointe	先端	témoin	証人	goinfre	がつがつ食う
poing	握りこぶし	groin	（豚など）鼻面	rejoindre	合流する

[24]
(1) 音声を聞きながら、フランス人の発音に合わせて発音練習をしてみましょう。

（1回目→左から右・2回目→上から下） 🔊1-061

né [e]	ré	dé	er [e]
blé	dré	flé	bré
gez	trez	vez	

(2) 単語の読み取り練習をしてみましょう。

（上から下） 🔊1-062

été	夏	nez	鼻	plumier	筆箱
épée	剣	chez	～家で	citer	引用する
lycée	高校	assez	十分に	parler	話す
fusée	ロケット	pied	足	dîner	夕食をとる
musée	美術館	trépied	三脚台	déjeuner	昼食を食べる
fumée	煙	panier	かご	tomber	転ぶ
vérité	真理	étudier	勉強する	oranger	オレンジの木
Corée	韓国	olivier	オリーブの木	boulanger	パン屋

[25]
(1) 音声を聞きながら、フランス人の発音に合わせて発音練習をしてみましょう。　（1回目→左から右・2回目→上から下）　🔊1-063

nè [ɛ]	fê	pè	mê	rê
bai	zai	pai	dai	mai
pei	sei	vei	zei	trei
plai	chai	brai	flai	vrai
net	let	plet	chet	

(2) 単語の読み取り練習をしてみましょう。

（上から下）　🔊1-064

très	非常に	poulet	若鳥	mai	5月
près	そばに	cabinet	診察室	lait	牛乳
crème	クリーム	robinet	蛇口	balai	ほうき
treize	13	ticket	乗車券	laine	ウール
reine	王妃	bonnet	スキー帽	plaie	傷
veine	静脈	crêpe	クレープ	plaine	平野
baleine	鯨	hêtre	ブナの木	fontaine	噴水
Seine	セーヌ川	fêlure	ひび	fraise	イチゴ

[26]
(1) 音声を聞きながら、フランス人の発音に合わせて発音練習をしてみましょう。
（1回目→左から右・2回目→上から下）　🔊1-065

er [ɛr]	el	es	ec	ef	
fer	sel	mer	ter	del	
erre	elle	esse	ette	effe	enne

(2) 単語の読み取り練習をしてみましょう。
（上から下）　🔊1-066

merci	ありがとう	nef	（教会）身廊	hirondelle	ツバメ
ferme	農家	chef	リーダー	renne	トナカイ
perle	真珠	greffe	接ぎ木	antenne	アンテナ
bercail	羊小屋	terre	地面	chienne	雌犬
sec	乾いた	lierre	キズタ	vitesse	スピード
veste	上着	pierre	石	caresse	愛撫
insecte	昆虫	sel	塩	paresse	怠惰
escargot	エスカルゴ	selle	鞍	assiette	皿
bref	（時間）短い	échelle	はしご	clarinette	クラリネット

[27]
(1) 音声を聞きながら、フランス人の発音に合わせて発音練習をしてみましょう。
（1回目→左から右・2回目→上から下）　🔊1-067

pié	dia	bio
fia	mio	zio
vieu	tion	lieu
rian	gion	cien

(2) 単語の読み取り練習をしてみましょう。
（上から下）　🔊1-068

pioche	つるはし	lumière	光	lieu	場所
violette	スミレ	glacière	氷室	pieu	杭
diamant	ダイアモンド	hier	昨日	vieux	年とった
mariage	結婚	fier	高慢な	milieu	真ん中
science	科学	lion	ライオン	émotion	興奮
recipient	容器	viande	食肉	caution	保証
moitié	半分	triangle	三角形	condition	条件
piéton	歩行者	Dieu	神	sensation	感覚

[28]
(1) 音声を聞きながら、フランス人の発音に合わせて発音練習をしてみましょう。 （1回目→左から右・2回目→上から下） 🔊 1-069

su	so	si	sa	se	scé	cy	çu
sur	sor	sir	sar	ser	sci	ci	ço
sul	sol	sil	sal	sel	sce	ce	ça
usse	osse	isse	asse	esse			

(2) 単語の読み取り練習をしてみましょう。
（上から下） 🔊 1-070

samedi	土曜日	sorbet	シャーベット	hérisson	ハリネズミ
sublime	崇高な	scie	のこぎり	reçu	領収書
siècle	世紀	scène	舞台	façade	（建物）正面
soldat	軍人	sceller	調印する	garçon	少年
silence	沈黙	tasse	カップ	caleçon	トランクス
salaire	給与	chasse	狩	ceci	これ
service	サービス	saucisse	ソーセージ	cidre	リンゴ酒
sardine	イワシ	bosse	こぶ	cycle	サイクル

[29]
(1) 音声を聞きながら、フランス人の発音に合わせて発音練習をしてみましょう。　　（1回目→左から右・2回目→上から下）　🔊1-071

za	zi	zo	zé	zè
zou	zoi	zon	zin	zan
ise		usé	use	

(2) 単語の読み取り練習をしてみましょう。
　　　　　　　　　　　　　　　　　　（上から下）　🔊1-072

zoo	動物園	mélèze	カラマツ	cuisine	料理
zone	地帯	gazelle	ガゼル	mimosa	ミモザ
zébu	コブウシ	usé	すり切れた	musique	音楽
zèbre	シマウマ	usine	工場	rasoir	カミソリ
gaz	ガス	vase	花瓶	oiseau	鳥
gazon	芝生	visite	訪問	ciseaux	ハサミ
bazar	バザール	visage	顔	isolé	孤立した
lézard	トカゲ	casier	整理棚	asiatique	アジアの

[30]
(1) 音声を聞きながら、フランス人の発音に合わせて発音練習をしてみましょう。　　　　　（1回目→左から右・2回目→上から下）　🔊 1-073

xa	xi	xe	xê	xé
xan	xeau	xoi	xez	xon
xai	xin	xer	xan	xei
exta	exfi	exo	exé	exi

(2) 単語の読み取り練習をしてみましょう。

（上から下）　🔊 1-074

taxe	税金	index	人差し指	exiger	（強く）要求する
boxe	ボクシング	annexe	付属の	exister	存在する
fixe	一定の	maxime	格言	examen	テスト
luxe	贅沢	flexible	曲げやすい	expérience	経験
taxi	タクシー	extra	極上の	exotique	エキゾチックな
texte	テキスト	extase	うっとりした	sixième	6番目の
silex	火打石	excellent	優れた	dixième	10番目の

[31]
(1) 音声を聞きながら、フランス人の発音に合わせて発音練習をしてみましょう。

(1回目→左から右・2回目→上から下) 🔊1-075

gna	gnu	gni	gno
gne	gnai	gné	gnon
gnau	gnei	gnac	gneau
gnel	gnol	gnec	gnal

(2) 単語の読み取り練習をしてみましょう。

(上から下) 🔊1-076

ligne	線	signal	合図	gagner	稼ぐ
signe	記号	cognac	コニャック	soigner	世話をする
cygne	白鳥	oignon	玉ねぎ	araignée	クモ
vigne	ブドウの木	agneau	子羊の肉	peigne	櫛（くし）
rognon	（料理）腎臓	chignon	シニョン	poigne	握力
mignon	かわいい	rognure	削りくず	cigogne	コウノトリ
gnôle	蒸留酒	lorgnon	鼻めがね	besogne	労役
vignoble	ブドウ栽培地	signature	署名	Allemagne	ドイツ

[32]
(1) 音声を聞きながら、フランス人の発音に合わせて発音練習をしてみましょう。
　　　　　　　　　　　（1回目→左から右・2回目→上から下）　🔊1-077

bail	rail	taill	mail
veil	teil	seil	beill
seuil	feuill	reuil	deuil
cueill	gueil	mouil	œil

(2) 単語の読み取り練習をしてみましょう。

　　　　　　　　　　　　　　　　　　　　（上から下）　🔊1-078

ail	ニンニク	œillette	ケシ	corbeille	（取っ手なし）かご
paille	藁	deuil	喪	bouteille	瓶
vitrail	ステンドグラス	feuille	葉	orgueil	思い上がり
caillou	小石	fauteuil	肘掛椅子	accueil	もてなし
détail	詳細	écureuil	リス	cueillir	（花・果物）摘む
taille	身長	chevreuil	ノロシカ	fenouil	ウイキョウ
volaille	家禽	orteil	足指	bouillon	ブイヨン
médaille	メダル	soleil	太陽	citrouille	西洋カボチャ
soupirail	（地下室）換気窓	conseil	アドバイス	brouillard	霧
œil	目	réveiller	目を覚ます	grenouille	カエル

[33]

(1) 音声を聞きながら、フランス人の発音に合わせて発音練習をしてみましょう。 （1回目→左から右・2回目→上から下） 🔊1-079

ay	oy	uy
pay	foy	nuy
fray	ploy	bruy

(2) 単語の読み取り練習をしてみましょう。
（上から下） 🔊1-080

loyal	誠実な	gruyère	（スイスの）チーズ	balayer	掃く
foyer	家庭	bruyère	ヒース	crayon	鉛筆
noyer	クルミの木	essuyer	拭く	frayeur	恐怖
noyau	（桃など）種	appuyer	押す	effrayer	怯えさせる
joyau	宝飾品	ennuyer	困らせる	pays	国
aboyer	吠える	ennuyeux	困った	paysan	百姓
mitoyen	（法律）境界の	rayer	傷をつける	paysage	風景
voyageur	旅行者	rayon	光線	Raymond	人名（名）
tuyau	管	rayure	縞	poney	ポニー

5課　文の発音

　フランス語の場合、単語だけでは発音されない語末の子音字が文中に入ると発音されたり（リエゾン）、母音字が省略されたりします（エリズィヨン）。実際に会話で必要になってくるのは文の発音ですので、この課では文の発音に関する主な現象について、見ていくことにしましょう。

❶ リエゾン　　　　　　　　　　　　　　　🔊1-081

　リエゾンは日本語で連音といいますが、これは通常発音しない語末の子音字（例えば petit の語末子音字 t）が、次にくる語頭の母音字・または無音の h と結びつき発音される現象をいいます。

(1) リエゾンによる音の変化

発音しない語末の子音字 s、x、z はリエゾンすると [z] と発音			
~~des idées~~ ~~[de ide]~~	~~［デ　イデ］~~	des‿idées [dezide]	思考 ［デジデ］
~~deux ans~~ ~~[dø ɑ̃]~~	~~［ドゥー　オン］~~	deux‿ans [døzɑ̃]	2年 ［ドゥーゾン］
~~chez elle~~ ~~[ʃe ɛl]~~	~~［シェ　エル］~~	chez‿elle [ʃezɛl]	彼女の家で ［シェゼル］
発音しない語末の子音字 t、d はリエゾンすると [t] と発音			
~~petit ami~~ ~~[pəti ami]~~	~~［プティ　アミ］~~	petit‿ami [pətitami]	恋人 ［プティタミ］
~~grand homme~~ ~~[grɑ̃ ɔm]~~	~~［グホン　オム］~~	grand‿homme [grɑ̃tɔm]	偉人 ［グホントム］
鼻母音は通常 ［鼻母音 + n］と発音[1]			
~~un enfant~~ ~~[œ̃ ɑ̃fɑ̃]~~	~~［アン　オンフォン］~~	un‿enfant [œ̃nɑ̃fɑ̃]	子供 ［アンノンフォン］
~~son école~~ ~~[sɔ̃ ekɔl]~~	~~［ソン　エコール］~~	son‿école [sɔ̃nekɔl]	彼（女）の学校 ［ソンネコール］

1 ➡ 非鼻母音化することもあります。son école [sɔnekɔl] ［ソネコール］

(2) リエゾンする場合
(a) ＜限定詞・形容詞＋名詞＞
　　　deux_hommes　　　　　［ドゥーゾム］　　　　　　二人の男
　　　mon_ami　　　　　　　　［モナミ］　　　　　　　　私の友達
　　　mon_excellent_ami　［モンネクセロンタミ］　　私の素晴らしい友達

➡ 限定詞については。(p.270)

(b) ＜副詞（très、plus、bien、tout など）＋形容詞・副詞＞
　　　très_occupé　　　　　［トレゾキュペ］　　　　　とても忙しい
　　　tout_aimable　　　　　［トゥテマーブル］　　　　非常に愛想がいい

(c) ＜主語代名詞＋動詞（＊倒置形）＞
　　　Ils_arrivent.　　　　　［イルザリーヴ］　　　　　彼らが到着する。
　　　Arrivent-ils?（＊）　［アリーヴティル］　　　　彼らは到着しますか？

(d) ＜主語代名詞＋補語人称代名詞・中性代名詞＋動詞＞
　　　Je les_aime.　　　　　［ジュレゼーム］　　　　　私は彼らが好きです。
　　　Elles_en parlent.　［エルゾンパルル］　　　　彼女らはその事を話しています。

(e) 動詞 être（3人称単・複）の後で（リエゾンしてもしなくてもいい）
　　　C'est_une montre.　［セテュヌモントル］　　　それは腕時計です。
　　　Ils sont_intéressants.［イルソンタンテレッソン］彼らは面白いです。

(f) 前置詞（chez、dans、sans など）の後で（リエゾンしてもしなくてもいい）
　　　chez_eux　　　　　　　　［シェズ］　　　　　　　　彼らの家で
　　　sans_aucun problème［ソンゾーキャンプホブレム］何の問題もない

(g) その他（quand、dont、複合語など）
　　　quand_il　　　　　　　　［コンティル］　　　　　　彼が〜の時
　　　de plus_en plus　　　［ドゥプリュゾンプリュ］　次第に

➡ このリエゾンですが、実際はしてもしなくてもよい場合があります。一般に詩の朗読や演説などではリエゾンは多くなり、くだけた会話ではリエゾンは少なくなります。

(3) リエゾンしてはいけない場合
(a) 有音の † h、数詞（huit、onze）の前で
  en/haut　　　　　［オン　オ］　　　　　　上に
  ces/huit pommes［セ　ユイポム］　　　これら8個のリンゴ

(b) ＜単数名詞＋形容詞＞
  un chocolat/amer［アンショコラ　アメール］苦いチョコレート

(c) ＜主語名詞＋代名詞（en、y）・動詞＞
  L'avion/arrive.　　［ラヴィヨン　アリーヴ］　飛行機が到着する。
  Louis/est beau.　　［ルイ　エボー］　　　　ルイはハンサムです。

(d) 倒置された代名詞の後で
  Sont-ils/arrivés ?　［ソンティル　アリヴェ］　彼らは到着しましたか？
  Prends-en/assez !　［ポーンゾン　アッセ］　それを十分持ってきて。

(e) その他（quand、dont、et、selon、多綴の副詞など）
  Quand/irez-vous ?［コン　イレヴ］　　　　いつ行かれるのですか？
  Moi et/Olivier　　　［モワエ　オリヴィエ］　私とオリヴィエ
  l'un/ou l'autre　　　［ラン　ウロートル］　　どちらか一方

❷ アンシェンヌマン

🔊 1-082

　アンシェンヌマンは日本語で連読といいますが、これは発音する語末の子音字（例えばilの語末子音字l）が、次にくる語頭の母音字・または無音のhと結びつき発音される現象をいいます。

(1) アンシェンヌマンによる音の変化

発音する語末の子音字＋母音字			
il est [il ɛ]	[イル　エ]	il‿est [ilɛ]	彼は〜である [イレ]
elle arrive [ɛl ariv]	[エル　アリーヴ]	elle‿arrive [ɛlariv]	彼女は到着する [エラリーヴ]
une heure [yn œr]	[ユヌ　ウール]	une‿heure [ynœr]	1時間 [ユヌール]

※左側は×印で消されています。

❸ エリズィヨン

🔊 1-083

　エリズィヨンは日本語で母音字省略といいますが、これは語末の母音字＜a、i、e＞と、次にくる語頭の母音字・または無音のhとの衝突を避けるために、アポストロフを付けて語末の母音字＜a、i、e＞を省略することをいいます。

(1) エリズィヨンによる音の変化

母音字省略			
ce est [sə ɛ]	[ス　エ]	c'est [sɛ]	それは〜である [セ]
la histoire [la istwar]	[ラ　イストゥワール]	l'histoire [listwar]	歴史 [リストゥワール]
je aime [ʒə em]	[ジュ　エーム]	j'aime [ʒem]	私は〜が好きです [ジェーム]
jusque ici [ʒysk isi]	[ジュスク　イスィ]	jusqu'ici [ʒyskisi]	ここまで [ジュスキスィ]

(2) エリズィヨンされる主な語
　　ce、le、la、je、ne、de、me、te、se、si
　　que、jusque、lorsque、puisque、quoique

➡ si は、il・ils が連続する場合に限りエリズィヨンします。
　s'ils viennent［シル　ヴィエンヌ］　もし彼らが来るなら

(3) エリズィヨンしてはいけない場合
(a) 有音の†h、数詞 (huit、huitième、onze、onzième) の前で
　　la/honte
　　　［ラ　オントゥ］　　　　　　　　　恥
　　le/onzième concours
　　　［ル オンジエンム コンクール］　　第 11 回コンクール
(b) 倒置された代名詞 (je、ce) (le、la) の後で
　　Puis-je/attendre ?
　　　［プュイジュ　アットーンドル］　　待っててもいいですか？
　　Passez-la/à ta sœur !
　　　［パッセラ　アタスール］　　　　　それを妹に渡しなさい。

第 2 章
文法

6課　基本会話

本課に入る前に、挨拶などの基本会話を覚えておきましょう。

(1) 出会いの挨拶

🔊 2-001

Bonjour,　[ボンジュール]
- monsieur. 〔男性〕[ムッスュ]
- madame. 〔既婚女性〕[マダム]
- mademoiselle. 〔未婚女性〕[マドゥモワゼル]

Bonsoir,　[ボンソワール]

こんにちは（おはようございます）。
こんばんは。

Comment allez-vous ? [コモンタレヴ]　ごきげんいかがですか？

— **Je vais très bien, merci. Et vous?** —とても元気です。で、あなたは？
[ジュヴェ　トレビヤン　メルスィ　エヴ]

➡ 《Bonjour!》は朝から夕方まで、《Bonsoir!》は夕方以降の挨拶に用います。

(2) 別れの挨拶

Au revoir. [オ　ルヴォワール]　さようなら。

A bientôt. [ア　ビヤント]　ではまた近いうちに。

A tout à l'heure. [ア　トゥタルール]　じゃまた後で。

A demain [ア　ドゥマン]　また明日。

Bonne journée! [ボンヌ　ジュルネ]　よい1日を。

Bonne soirée! [ボンヌ　ソワレ]　よい夜を。

Bon week-end! [ボン　ウィーケンド]　よい週末を。

Bonnes vacances! [ボンヌ　ヴァコンス]　よいバカンスを。

Bon voyage! [ボン　ヴォワイヤージュ]　よいご旅行を。

➡ 《Salut!》[サリュ]「じゃあ！（やあ！）」は、親しい人と交わす別れ・出会いの挨拶です。
➡ 《Bonne nuit.》[ボンニュイ]は、「おやすみなさい。」です。

(3) お礼

Merci. ［メルスィ］	ありがとう。
Merci beaucoup. ［メルスィ　ボク］	どうもありがとう。
Je vous remercie beaucoup. ［ジュ　ヴ　ルメルスィ　ボク］	どうもありがとうございます。
—**Je vous en prie.** ［ジュ　ヴ　ゾン　プリ］	—どういたしまして。

7課　名詞

❶ 名詞の性

🔊 2-002

　フランス語のすべての名詞は男性名詞と女性名詞に分かれています。これを文法上の性といい、オス・メスといった自然の性別を持つ名詞（人間や動物）から、自然の性別を持たない名詞（事物）にまであります。単語を覚える際には、性別とともに冠詞も付けて暗記・発音するよう心がけてください。

男性名詞 (nom masculin)		女性名詞 (nom féminin)	
garçon ［ギャフソン］	少年	**fille** ［フィーユ］	少女
taureau ［トホ］	雄ウシ	**vache** ［ヴァッシュ］	雌ウシ
pantalon ［ポンタロン］	ズボン	**jupe** ［ジュップ］	スカート
amour ［アムール］	愛	**paix** ［ペ］	平和
Japon ［ジャポン］	日本	**France** ［フホンス］	フランス

➡ Japon や France のように、国・町・山・川・人名などを表す固有名詞は、語頭を大文字で書きます。

(1) 自然の性別を持つ名詞

(a) 男性名詞から女性名詞を作ることもあります。原則は＜男性名詞＋e＝女性名詞＞ですが、語尾が変化するものもあります。

語尾	男性名詞（n.m.）		女性名詞（n.f.）	
男性名詞 + **e** （原則）[1]	**ami** ［アミ］	友達（男）	**ami*e*** ［アミ］	友達（女）
	Français[2] ［フホンセ］	フランス人男性	**Français*e*** ［フホンセーズ］	フランス人女性
子音を 重ねるもの	**cha*t*** ［シャ］	オス猫	**cha*tte*** ［シャットゥ］	メス猫

語尾が変わるもの	étran***ger*** [エトホンジェ]	男性外国人	étran***gère*** [エトホンジェール]	女性外国人
	ac***teur*** [アクトゥール]	俳優	ac***trice*** [アクトリス]	女優
	serv***eur*** [セルヴール]	ウエイター	serv***euse*** [セルヴーズ]	ウエイトレス

1 ➡ ami [ɑmi] のように語末が母音の場合、女性名詞 ami***e*** [ɑmi] になっても音の変化はありませんが、語末が子音字の場合は、Français***e*** [frɑ̃sɛz] と音が変化します。

2 ➡ 語頭を大文字で書くと「～人」になります。属詞については。(p.108、272)

(b) 両性を含むものがあります．

〔1つの名詞で両性を含むもの —pianiste、élève、enfant など〕

un secrétaire 男性秘書　　　　**une secrétaire** 女性秘書
[アン　スクレテール]　　　　　　　[ユヌ　スクレテール]

〔男性名詞のみで両性を含むもの —docteur、témoin など〕

un médecin　男性医師＝女性医師
[アン　メドゥサン]

〔女性名詞のみで両性を含むもの —personne、star など〕

une victime　男性被害者＝女性被害者
[ユヌ　ヴィクティム]

➡ 性別を明示するために、各名詞に冠詞（un 男性形・une 女性形）をつけています。

➡ 動物の場合、名詞には性別があっても意味としての性別がなく、その種だけで捉えているものもあります。（renne、girafe など）

un escargot　エスカルゴ　　　　une souris　ハツカネズミ
[アンネスカフゴ]　　　　　　　　　[ユヌ　スーリ]

(2) 自然の性別を持たない名詞

この場合、1つ1つ暗記するしかありませんが、名詞の語尾で性別を判断できるものが幾つかあります。

語尾	男性名詞 (n.m.)		語尾	女性名詞 (n.f.)	
–al	carnav*al* [カフナヴァール]	カーニバル	–ie	économ*ie* [エコノミー]	経済
–oir	tir*oir* [ティホワール]	引き出し	–ée [1]	pens*ée* [ポンセ]	考え
–ment	ali*ment* [アリモン]	食品	–eur [2]	coul*eur* [クルール]	色
–isme	réal*isme* [レアリスム]	現実主義	–tion	condi*tion* [コンディスィヨン]	状態
–phone	télé*phone* [テレフォンヌ]	電話	–ance	av*ance* [アヴォンス]	前進

1 ➡ –ée には男性名詞もあります。　mus*ée* 美術館　　lyc*ée* 高校
　　　　　　　　　　　　　　　　　[ミュゼ]　　　　　[リセ]
2 ➡ –eur には男性名詞もあります。　bonh*eur* 幸福　　malh*eur* 不幸
　　　　　　　　　　　　　　　　　[ボヌール]　　　　[マルール]

❷ 名詞の数

🔊 2-003

名詞は性とともに数があり、単数と複数に分かれます。原則は＜名詞の単数形＋s＝名詞の複数形＞ですが、語尾が変化するものもあります。

語尾	単数形 (s.)	複数形 (pl.)	意味
名詞の単数 + s (原則) [1]	étudiant [エテュディオン]	étudiants [エテュディオン]	男子学生
	étudiante [エテュディオントゥ]	étudiantes [エテュディオントゥ]	女子学生
–eau –eu　+ –x [2] –ou	ois*eau* [ワゾ]	ois*eaux* [ワゾ]	鳥
	chev*eu* [シュヴ]	chev*eux* [シュヴ]	髪の毛
	bij*ou* [ビジュ]	bij*oux* [ビジュ]	宝石
–al –ail　→ –aux [3]	anim*al* [アニマル]	anim*aux* [アニモ]	動物
	trav*ail* [トハヴァイユ]	trav*aux* [トハヴォ]	仕事

88

-s -s -x = -x -z -z	avis [アヴィ] vo*ix* [ヴォワ] ga*z* [ギャーズ]	avis [アヴィ] vo*ix* [ヴォワ] ga*z* [ギャーズ]	意見 声 ガス
発音が 異なるもの	œuf [ウフ] bœuf [ブフ] os [オス]	œufs [ウ] bœufs [ブ] os [オ]	卵 牛 骨
不規則なもの	œil [ウィユ] monsieur [ムッシュ]	yeux [イユ] messieurs [メッシュ]	目 〜氏

1 ➡ 複数形を表す s は発音されないので、聞き手には名詞が単数か複数かの区別は冠詞によって明示されることになります。

2 ➡ –eu、–ou には、–eus、–ous となる複数形（原則）もあります。
 pn*eu* → pn*eus* タイヤ　　　　　　　　　　　clou → clous 釘
 [プヌ]　　[プヌ]　　　　　　　　　　　　　　　[クル]　[クル]

3 ➡ –al、–aux には、–als、–ails となる複数形（原則）もあります。
 festiv*al* → festiv*als* フェスティバル　　　　dét*ail* → dét*ails* 詳細
 [フェスティヴァル]　[フェスティヴァル]　　　　　　［デタィユ］　［デタィユ］

8課　冠詞

フランス語は、名詞だけでは観念を表すにすぎず文として成立しません。ですので原則として、名詞の前に冠詞・または他の限定詞をつけることによって、その名詞を具体的（性・数など）に示すことができるのです。ここでは、その各冠詞について見ていくことにしましょう。

❶ 不定冠詞

🔊 2-004

男性単数	女性単数	男女複数
un [アン]	une [ユヌ]	des [デ]

発音	男性単数 / 男性複数	女性単数 / 女性複数
子音の前	*un* stylo [アン スティロ]　*des* stylos [デ スティロ]	*une* robe [ユヌ ホーブ]　*des* robes [デ ホーブ]
母音の前	*un*‿arbre [アンナフブル]　*des*‿arbres [デザフブル]	*une*^école [ユネコール]　*des*‿écoles [デゼコール]
無音hの前	*un*‿homme [アノム]　*des*‿hommes [デゾム]	*une*^histoire [ユニストワール]　*des*‿histoires [デズィストワール]
有音hの前	*un*/hibou [アン イブ]　*des*/hiboux [デ イブ]	*une*/hache [ユヌ アッシュ]　*des*/haches [デ アッシュ]

不定冠詞（英語の a、an に相当）は、「1つの〜、ある〜」「いくつかの〜」と数えられる名詞で、初めて話題にする名詞や不特定の名詞の前につけます。

un pinceau　（1本の）筆　→　*des* pinceaux　（数本の）筆
[アン パンソ]　　　　　　　　　　[デ パンソ]

une femme　（ある）女性　→　*des* femmes　（何人かの）女性
[ユヌ ファム]　　　　　　　　　　[デ ファム]

un œuf　（1個の）卵　→　*des* œufs　（何個かの）卵
[アンヌフ]　　　　　　　　　　　[デズ]

❷ 定冠詞

🔊 2-005

男性単数	女性単数	男女複数
le (l')	la (l')	les
[ル]	[ラ]	[レ]

発音	男性単数 / 男性複数		女性単数 / 女性複数	
子音の前	*le* stylo [ル スティロ]	*les* stylos [レ スティロ]	*la* robe [ラ ローブ]	*les* robes [レ ローブ]
母音の前	*l'*arbre [ラーブル]	*les*‿arbres [レザーブル]	*l'*école [レコール]	*les*‿écoles [レゼコール]
無音hの前	*l'*homme [ロム]	*les*‿hommes [レゾム]	*l'*histoire [リストワール]	*les*‿histoires [レズィストワール]
有音hの前	*le/* hibou [ル イブ]	*les/* hiboux [レ イブ]	*la/* hache [ラ アッシュ]	*les/* haches [レ アッシュ]

　定冠詞（英語の the に相当）は、特定・または総称する名詞の前につけます。

(1) 特定される場合—「その～、あの～、いつもの～」

(a) 両者間で既に話題になった特定の名詞に。

　　Voici une robe. *La* robe est bleue.
　　[ヴォワスィ ユヌ ローブ ラ ローブ エ ブル]
　　ここに（1枚の）ワンピースがあります。そのワンピースは青色です。

(b) 前置詞 de を伴って限定されている名詞に。

　　Voici un cahier. C'est *le* cahier de Louis.[1]
　　[ヴォワスィ アン カイエ セ ル カイエ ドゥ ルイ]
　　ここに（1冊の）ノートがあります。それはルイのノートです。

(c) 両者間で当然として特定化されている名詞に。

　　Il y a un cendrier sur *la* table.
　　[イリヤ アン ソンドリエ スュール ラ ターブル]
　　机の上に灰皿があります。

(d) 唯一・1つしかない名詞や固有名詞に。

　　le soleil 太陽　　　*la* mer　海　　　*la* Terre 地球
　　[ル ソレィユ]　　　　[ラ メール]　　　[ラ テール]

　　le Japon 日本　　　*les* Alpes アルプス山脈　　*la* Seine セーヌ川
　　[ル ジャポン]　　　　[レザルプ]　　　　　　　　[ラ セーヌ]

---

1 ➡ 多少意味は異なりますが、限定されている名詞に不定冠詞をつけることもあります。
　　C'est *un* cahier de Louis. それはルイのノートです。(何冊か持っているノートのうちの1冊)
　　[セ タン カイエ ドゥ ルイ]

➡ voici、c'est、il y a などの提示表現については (p.96)。

(2) 総称する場合—「〜というもの（一類のものとしての全体）」

(a) 数えられる名詞では、単数・複数の定冠詞。

  L'enfant est pur. 子供（というのは）は純粋です。
  ［ロンフォン　エ　ピュール］

  Les enfants sont purs. 子供（というのはすべて）は純粋です。
  ［レゾンフォン　ソン　ピュール］

(b) 数えられない名詞（物質名詞・抽象名詞）では、単数の定冠詞。

  L'amour est aveugle. 恋は盲目である。
  ［ラムール　エタヴーグル］

> ➡ 動詞 aimer「（が）好きである」を用いて、不定冠詞と定冠詞を比較してみましょう。
>
> J'aime *un* Français. 私はあるフランス人を愛しています。
> ［ジェーム　アンフホンセ］
>
> J'aime *les* Français. 私はフランス人が好きです。
> ［ジェーム　レフホンセ］
>
> J'aime *le* français. 私はフランス語が好きです。
> ［ジェーム　ルフホンセ］

❸ 部分冠詞

🔊 2-006

男性単数	女性単数
du [デュ]	de la [ドゥ ラ]

発音	男性単数		女性単数	
子音の前	*du* pain [デュ パン]	パン	*de la* patience [ドゥラ パッスィヨンス]	忍耐
母音の前	*de l*'argent [ドゥ ラフジョン]	お金	*de l*'eau [ドゥ ロ]	水
無音hの前	*de l*'humour [ドゥ リュムール]	ユーモア	*de l*'huile [ドゥ リュイル]	油
有音hの前	*du* hachis [デュ アシ]	ひき肉	*de la* haine [ドゥラ エーヌ]	憎しみ

　不定冠詞は数えられる名詞で用いましたが、この部分冠詞には「いくらかの量の〜」という意味合いがあり、数として数えられないもの・量として捉えている物質名詞（水、米、肉、バターなど）や、抽象名詞（忍耐、勇気、音楽など）の前につけます。

Paul mange *du* pain.　　　　ポールはパンを食べる。
[ポールモンジュ　デュパン]

Paul boit *de l*'eau.　　　　ポールは水を飲む。
[ポールボワ　ドゥロ]

Paul a *de l*'humour.　　　　ポールはユーモアがある。
[ポールア　ドゥリュムール]

➡ 名詞 bière を用いて、各冠詞を比較してみましょう。

Une bière, s'il vous plaît.　〔数〕　ビール1本ください。
[ユヌビエール　スィルヴプレ]

Je bois *de la* bière.　〔量〕　私はビールを飲む。
[ジュボワ　ドゥラビエール]

J'aime *la* bière.　〔総称〕　私はビールが好きです。
[ジェーム　ラビエール]

➡ 動物名詞では、冠詞によって意味が異なってくることもあります。食べる対象として捉えているときは単数の定冠詞、種類として捉えているときは複数の定冠詞を用います。

Voici *un* bœuf.　〔動物の数〕　ここに（1匹の）牛がいます。
[ヴォワスィ　アンブフ]

Je mange *du* bœuf.　〔肉の量〕　私は（ある量の）牛肉を食べる。
[ジュモンジュ　デュブフ]

J'aime *le* bœuf.　〔肉の総称〕　私は牛肉が好きです。
[ジェーム　ルブフ]

J'aime *les* bœufs.　〔動物の総称〕　私は牛が好きです。
[ジェーム　レブ]

ですので、次の例文を口にしてしまうと誤解を招きますので、注意してください。

J'aime *le* chien.　　　　　　　　　　　　私は犬の肉が好きです。
［ジェーム　ルシャン］

➡ 冠詞の変形や省略については。(p.104、117、270)

❹ 前置詞と定冠詞の縮約　　　🔊2-007

前置詞 de、à の後に、定冠詞 le、les がくると互いに合体して＜du、des/au、aux＞と形が縮約します。だだし、定冠詞 la、l' の場合は縮約しません。

＜ de ＋定冠詞＞			例	
de ＋ le	→	du [デュ]	le fils *du* directeur [ルフィス　デュディレクトゥール]	部長の息子
de ＋ la	→	de la	la couleur de la voiture [ラクルール　ドゥラヴォワテュール]	車の色
de ＋ l'	→	de l'	l'adresse de l'hôpital [ラドレス　ドゥロピタル]	病院の住所
de ＋ les	→	des [デ]	le symbole *des* Etats-Unis [ルサンボール　デゼタズュニ]	アメリカの象徴

C'est le vélo *du* professeur.　〔所有〕　それは先生の自転車です。
［セルヴェロ　デュプホフェッスール］

Jean vient *des* Etats-Unis.　〔場所〕　ジャンはアメリカから来る。
［ジャンヴィヤン　デゼタズュニ］

➡ 前置詞 de「（所有）～の、（場所）～から」など。(p.130)
➡ 部分冠詞 du や不定冠詞 des と同じ形ですので、混同しないようにしてください。

Je prends *du* thé.　　　　　　　　〔部分冠詞〕　私は紅茶を飲む。
［ジュボーン　デュテ］

Je prends la direction *du* sud.　〔縮約〕　私は南の方向に向かう。
［ジュボーン　ラディレクスィヨンデュスュッドゥ］

Je connais *des* élèves.　　　　　〔不定冠詞〕　私は（何人かの）生徒を知っている。
［ジュコネ　デゼレーヴ］

Je connais la plupart *des* élèves.　〔縮約〕　私は生徒達の大半を知っている。
［ジュコネ　ラプリュパールデゼレーヴ］

＜à＋定冠詞＞			例	
à ＋ le	→	au [オ]	*au* cinéma [オスィネマ]	映画館に
à ＋ la	→	à la	à la piscine [アラピスィーヌ]	プールに
à ＋ l'	→	à l'	à l'aéroport [アラエホポール]	空港に
à ＋ les	→	aux [オ]	*aux* toilettes [オトワレットゥ]	トイレに

C'est une pizza *au* jambon. 〔付属〕 それはハム入りのピザです。
[セテュヌピッザ　オジョンボン]

Théo est *au* café. 〔場所〕 テオは喫茶店にいる。
[テオ　エト　カフェ]

➡ 前置詞 à 「(付属) 〜の入った、(場所) 〜に」など。(p.130)

9課　提示表現

この課では、提示表現について見ていくことにしましょう。　🔊 2-008

(1) 遠近の区別をする場合、voici（英語の here is、here are に相当）が比較的に近い人や物、voilà が比較的に遠い人や物の存在を表します。

> **voici** + 名詞　ここに～がある
> [ヴォワスィ]
> **voilà** + 名詞　あそこに～がある
> [ヴォワラ]

Voici un étudiant.　　　　　　　ここに（ある）学生がいる。
[ヴォワスィ　アンネテュディオン]

Voilà des bateaux.　　　　　　　あそこに（何隻かの）船がある
[ヴォワラ　デバトー]

Voilà la maison du maire.　　　あそこに市長の家がある。
[ヴォワラ　ラメゾンデュメール]

➡ ただし遠近の区別がない場合、日常会話では voilà の方が単独としてもよく用いられます。

(2) これは非人称構文というもので、人や物の存在を表します。（英語の there is、there are に相当）

> **il y a** + 名詞　（に）～がある
> [イリヤ]

Il y a un programme de télévision.
[イリヤ　アンプホグラムドゥ　テレヴィズィョン]
テレビ番組がある。

Il y a des clients au restaurant.
[イリヤ　デクリオン　オレストホン]
レストランに（何人かの）客がいる。

Il y a du calcium dans le lait.
[イリヤ　デュカルスィウム　ドンルレ]
牛乳には（ある量の）カルシウムがある。

➡ 場所にポイントをおいて、次の文を比較してみましょう。

Voici un dictionnaire.　　　　　　　　　　ここに辞書がある。
[ヴォワスィ　アンディクスィョネール]

Il y a un dictionnaire sur la table.　　　机の上に辞書がある。
[イリヤ　アンディクスィョネール　スュールラターブル]

Le dictionnaire est sur la table.　　　　　辞書は机の上にある。
[ルディクスィョネールエ　スュールラターブル]

(3) c'est、ce sont（英語の this is、it is、these are、those are に相当）は人や物の識別を表します。フランス語では頻繁に用いられる表現です。

> **c'est** ＋単数名詞　　これ（あれ、それ）は〜です
> ［セ］
> **ce sont** ＋複数名詞　　これら（あれら、それら）は〜です
> ［スソン］

　Qu'est-ce que c'est ?　　　　それは何ですか？
　［ケスクセ］
　—*C'est* un pain aux raisins.　—これはレーズンパンです。
　　［セタン　パンオレザン］
　—*Ce sont* des sifflets.　　　—それらは笛（ホイッスル）です。
　　［スソン　デスィッフレ］
　Qui est-ce?　　　　　　　　　あれは誰ですか？
　［キエス］
　—*C'est* Jean.　　　　　　　　—ジャンです。
　　［セ　ジャン］
　—*Ce sont* les frères de Jean.　—ジャンの兄弟たちです。
　　［スソン　レフレールドゥジャン］

➡ 日常会話では、＜ c'est ＋複数名詞＞でも用いられます。
　C'est des mangues.　　　　　それはマンゴーです．
　［セデモング］
➡ この疑問文には一般に c'est、ce sont で答えます。

10課　形容詞

❶ 形容詞の一致

🔊 2-009

形容詞は、関係する名詞や代名詞の性・数に一致します。原則は名詞と同じです。

性＼数	単数	複数	単数	複数
男性	grand [グホン]	grands [グホン]	petit [プティ]	petits [プティ]
女性	grande [グホンドゥ]	grandes [グホンドゥ]	petite [プティットゥ]	petites [プティットゥ]

Le musée du Louvre est *grand*.
[ルミュゼデュルーヴル　エグホン]
ルーヴル美術館は大きいです。

La tour Eiffel est *grande*.
[ラトゥールエッフェル　エグホンドゥ]
エッフェル塔は高いです。

Les frères de Nathalie sont *petits*.
[レフレールドゥナタリー　ソンプティ]
ナタリーの兄弟たちは背が低いです。

Les sœurs de Laurent sont *petites*.
[レスールドゥローホン　ソンプティットゥ]
ローランの姉妹たちは背が低いです。

> ➡ 主語が男女混合の場合、形容詞は男性複数形になります。(p.106)
> **Laurent et Nathalie sont *petits*.**
> [ローホンエナタリーソン　プティ]
> ローランとナタリーは背が低いです。
>
> ➡ 主語が名詞の場合はリエゾンしません。(p.80)
> **Jacques est grand.**
> [ジャック　エグホン]
> ジャックは背が高いです。
>
> ➡ 上記例文のように、動詞（être）を介して結ばれる形容詞を "**属詞**" といいます。(p.272)

❷ 形容詞の性

🔊 2-010

(1) 形容詞の性・数には、名詞の性と似た語尾がいくつかあります。

語尾	男性	女性	意味
男性形 + e （原則）	génial [ジェニアール] plein [プラン]	géniale [ジェニアール] pleine [プレーヌ]	天才的な いっぱいの
–e = –e	jeune [ジュヌ]	jeune [ジュヌ]	若い
–er　　 –ère –et → –ète –eux　　 –euse	léger [レジェ] discret [ディスクレ] curieux [キュリュ]	légère [レジェール] discrète [ディスクレットゥ] curieuse [キュリューズ]	軽い 控え目な 好奇心が強い
–el　　 –elle –en　　 –enne –on → –onne –os　　 –osse –as　　 –asse	ponctuel [ポンクチュエル] ancien [オンスィヤン] mignon [ミニョン] gros [グホ] bas [バ]	ponctuelle [ポンクチュエル] ancienne [オンスィエンヌ] mignonne [ミニョンヌ] grosse [グホッス] basse [バース]	几帳面な 古い かわいい 太い 低い
–f → –ve	naïf [ナイフ]	naïve [ナイーヴ]	お人好しの
変則的なもの	frais [フレ] doux [ドゥ] long [ロン]	fraîche [フレッシュ] douce [ドゥス] longue [ローング]	新鮮な 甘い 長い

➡ 変則的な女性形は上記以外にもあります（sec、grec、faux、roux、gentil、public、malin など）ので、辞書で調べる際には女性形もチェックするよう心掛けてください。

(2) 男性第2形は、母音字・または無音のhで始まる男性単数名詞の前で用います。

語尾	男性	（男性第2形）	女性	意味
男性第2形があるもの	beau [ボ]	(bel) [ベール]	belle [ベール]	美しい
	vieux [ヴィユ]	(vieil) [ヴィエィユ]	vieille [ヴィエィユ]	老けた
	nouveau [ヌーヴォー]	(nouvel) [ヌーヴェール]	nouvelle [ヌーヴェール]	新しい

un *beau* paysage　美しい風景
[アン　ボペイサージュ]

un *bel* oiseau　美しい鳥
[アン　ベロワゾー]

une *belle* fleur　美しい花
[ユヌ　ベールフルール]

un *vieux* film　古い映画
[アン　ヴィュフィルム]

un *vieil* homme　老人
[アン　ヴィエィヨム]

une *vieille* fille　オールドミス
[ユヌ　ヴィエィユフィーユ]

➡ mou、fou も男性第2形があります。
　mou（mol）柔らかい
　[ム]　　[モル]
　fou（fol）気の狂った
　[フ]　　[フォル]

❸ 形容詞の数

🔊 2-011

名詞の複数形とほぼ同じです。

語尾	単数	複数	意味
男性形 + **s**（原則）	content [コントン]	content**s** [コントン]	うれしい
	contente [コントントゥ]	contente**s** [コントントゥ]	
–eau → –eaux	b**eau** [ボ]	b**eaux** [ボ]	美しい
–al → –aux ₁	origin**al** [オリジナール]	origin**aux** [オリジノ]	独創的な
–s = –s	gra**s** [グハ]	gra**s** [グハ]	脂っこい
–x = –x	jalou**x** [ジャル]	jalou**x** [ジャル]	嫉妬深い

Olivier est *studieux* et Isabelle est *sportive*.
[オリヴィエ エステュディユ エ イザベル エスポフティーヴ]
オリヴィエは勉強好きで、イザベルはスポーツ好きです。

Les amies de Nathalie sont très *amicales*.
[レザミ ドゥ ナタリー ソン トレザミカール]
ナタリーの友達たちはとても友好的です。

---

1 ➡ –al、–aux には、–al、–als となる複数形もあります。
　　fat**al** → fat**als**　運命の
　　[ファタール]　[ファタール]
　　ban**al** → ban**als**　平凡な
　　[バナール]　[バナール]

❹ 形容詞の位置　　🔊2-012

　属詞としての形容詞ではなく、名詞を伴う形容詞を付加形容詞といい、その位置は意味などによって前後する場合があります。

(1) ＜名詞＋形容詞＞——フランス語では、形容詞は原則として名詞の後に置かれます。

　(a) 一般的な形容詞の場合

　　　　un enfant *câlin*　　　　　　　甘えっ子
　　　　［アノンフォン　カラン］

　　　　un plafond *élevé*　　　　　　高い天井
　　　　［アンプラフォン　エルヴェ］

　(b) 主に名詞の後に置かれる国籍・色・形などを表す形容詞の場合

　　　　un roman *allemand*　　　　　ドイツ小説
　　　　［アンホモン　アルモン］

　　　　une jupe *blanche*　　　　　　白いスカート
　　　　［ユヌジュップ　ブロンシュ］

　　　　une table *carrée*　　　　　　四角いテーブル
　　　　［ユヌターブル　カレ］

　(c) 現在分詞や過去分詞からつくられた形容詞の場合

　　　　un enfant *amusant*　〔現在分詞〕面白い子
　　　　［アノンフォン　アミュゾン］

　　　　un enfant *perdu*　　〔過去分詞〕迷子
　　　　［アノンフォン　ペルデュ］

(2) ＜形容詞＋名詞＞——日常的によく用いられ、比較的綴りの短い形容詞は名詞の前に置かれます。

　　　　un *beau* garçon　　　　　　　美少年
　　　　［アンボギャフソン］

　　　　une *jolie* fille　　　　　　　きれいな娘
　　　　［ユヌジョリフィーユ］

　　　　un *grand* canapé　　　　　　大きいソファー
　　　　［アングホンカナペ］

　　　　une *longue* avenue　　　　　長い並木道
　　　　［ユヌローングアヴェニュ］

un *bon* film　　　　　　　　いい映画
　　［アンボンフィルム］

　　une *grosse* voiture　　　　大型車
　　［ユヌ グホッス ヴォワチュール］

➡ その他では petit、jeune、vieux、nouveau、mauvais、haut などがあります。

(3) 名詞の前か後ろかによって、意味が変わる形容詞もあります。

　　un *grand* homme　　　偉人
　　［アングホントム］

　　un homme *grand*　　　背の高い人
　　［アノム　グホン］

　　une *seule* femme　　　唯一の女性
　　［ユヌスールファム］

　　une femme *seule*　　　孤独な女性
　　［ユヌファム　スール］

　　une *ancienne* maison　以前の家
　　［ユノンスィエンヌ　メゾン］

　　une maison *ancienne*　古い家
　　［ユヌメゾン　オンスィエンヌ］

　　un *curieux* élève　　　奇妙な生徒
　　［アンキュリュゼレーヴ］

　　un élève *curieux*　　　好奇心の強い生徒
　　［アンネレーヴ　キュリュ］

➡ ＜名詞＋形容詞＞ではリエゾンしません（ただし、複数名詞の場合ではリエゾンすることも多い）が、＜形容詞＋名詞＞ではリエゾンします。

　　un enfant *intelligent*　　頭のいい子　　un *petit* enfant　　小さな子供
　　［アノンフォン　アンテリジョン］　　　　　　　　　［アンプティトンフォン］

➡ 形容詞が名詞の後にある場合は本来の意味ですが、名詞の前にある場合は意味を強調したり、比喩的になります。

　　une veste *noire*　　　黒い上着　　une *noir* histoire　　暗い物語
　　［ユヌヴェストゥ　ヌワール］　　　　　　　　　　［ユヌヌワーリストゥワール］

103

❺ 冠詞の変形：de　　🔊 2-013

複数名詞の前に形容詞が置かれると、不定冠詞 des は＜ de ＞に変わります。

＜ de + 複数形形容詞 + 複数名詞 ＞
des livres → ~~des bons livres~~ → *de* bons livres　　よい本 ［デリーヴル］　　　　　　　　　　　　　　［ドゥボンリーヴル］

Il a de grosses lunettes.
［イラ　ドゥ　グホッスリュネットゥ］
彼はでっかいめがねをかけている。

Anne a les yeux verts, mais Sophie a *de* beaux yeux bleus.
［アンヌ　アレズュヴェール　メソフィー　アドゥボズュブル］
アンヌの目は緑だけど、ソフィーは青い美しい目をしている。

➡ ただし、以下の場合では冠詞は変わりません。

des poissons frais　　〔名詞＋形容詞の場合〕
［デポワッソン　フレ］　新鮮な魚

des petits pois　　〔形容詞＋名詞で既に1つの意味をなす語〕
［デプティポワ］　グリンピース

les beaux châteaux　　〔定冠詞の場合〕
［レボシャトー］　美しい城

11課　主語人称代名詞

　ここからは動詞を中心に様々な文法を学んでいきますが、この課では、その動詞の主語となる主語人称代名詞（英語のI、you、he、sheなどに相当）について、取り上げることにします。

❶ 主語人称代名詞　🔊2-014

　主語人称代名詞を正確に把握するには、形容詞との使用が効果的です。各例文で用いている動詞はêtre (p.108) です。

人称	単数		複数	
1人称	je (j') [ジュ]	私は	nous [ヌ]	私たちは
2人称	tu [テュ]	君は	vous [ヴ]	あなた（方）は 君たちは
3人称	il [イル]	彼は それは	ils [イル]	彼らは それらは
	elle [エル]	彼女は それは	elles [エル]	彼女らは それらは

➡ je の後に、母音字・または無音のh で始まる動詞がくる場合は、j' とエリズィヨンします。
➡ 主語人称代名詞は文頭では大文字で、それ以外では小文字で書きます。

(1) je、nous—1人称単数・複数は話し手になります。

Je suis marié.
[ジュスュイマリエ]
僕は結婚している。

Nous sommes fatigués.
[ヌッソムファティゲ]
僕たちは疲れている。

Je suis mariée.
[ジュスュイマリエ]
私は結婚している。

Nous sommes fatiguées.
[ヌッソムファティゲ]
私たちは疲れている。

(2) tu、vous—2人称単数・複数は聞き手になります。tu は親しい間柄である家族や友人、同僚、子供などに対して用い、vous は目上の人や初対面の人（1人・または複数）に対して敬称的に用いますが、複数の親しい人たちに対しても「君たちは」の意味で用います。

Tu es prêt, papa ?
［テュエプレ　パパ］
パパ、君は準備できたの？

Vous êtes prêt(s), monsieur(messieurs)?
［ヴゼットゥプレ　ムッシュ(メッシュ)］
だんな様（方）、あなた（方）はご準備ができましたか？

Tu es prête, maman ?
［テュエプレットゥ　マモン］
ママ、君は準備できたの？

Vous êtes prête(s), madame(mesdames)?
［ヴゼットゥプレットゥ　マダム(メダム)］
奥様（方）、あなた（方）はご準備ができましたか？

Vous êtes prêts, papa et maman ?
［ヴゼットゥプレ　パパエマモン］
パパ、ママ、君たちは準備できたの？

(3) il、ils/elle、elles—3人称単数・複数は、特定の「人」だけでなく「物」に対しても用います。

Il est beau, Marc.
［イレボ　マーク］
マルク、彼はハンサムです。

Elle est belle, Béatrice.
［エレベール　ベアトリス］
ベアトリス、彼女は美人です。

Il est beau, le musée du Louvre.
［イレボ　ルミュゼデュルーヴル］
ルーヴル美術館、それは素晴らしいです。

Elle est belle, la tour Eiffel.
［エレベール　ラトゥールエッフェル］
エッフェル塔、それは素晴らしいです。

➡ 主語が男女混合の場合、例えその比率が1（男）対30（女）でも、主語は男性複数形 ils を用います。
Marc et Marie sont grands. *Ils* sont basketteurs.
［マークエマリソングホン　イルソンバスケットゥール］
マルクとマリーは背が高いです。彼らはバスケットボール選手です。

❷不定代名詞：on

　主語人称代名詞に準ずるもので、同じように日常でも頻繁に主語として用いられるのが、不定代名詞 on です。この on は、特定・または不特定の人に対して用います。

不定代名詞	
on ［オン］	私たちは 人（々）は 誰かが

➡ 動詞の活用は 3 人称単数になります。
➡ on は et、si、où、que などの後や文頭では、l'on と用いることがあります。

(1) on（= nous「私たちは」）—特定の人の場合　　　🔊 2-015

　　Jérôme et moi, *on* est gourmands.[1]
　　［ジェホームエモワ　オネグルモン］

　　ジェロームと僕、（僕たち）は食いしん坊です。

　　Estelle et moi, *on* est gourmandes.
　　［エステルエモワ　オネグルモンドゥ］

　　エステルと私、（私たち）は食いしん坊です。

(2) on（= tout le monde「みんな」）—不特定の人の場合

　　Quand *on* est content, on est souriant.
　　［コントネコントン　オネスリオン］

　　人は嬉しい時、微笑を浮かべる。

　　Au Japon, *on* préfère le riz au pain.[2]
　　［オジャポン　オンプレフェールルリ　オパン］

　　日本では、人々はパンよりお米の方を好む。

(3) on（= quelqu' un「誰かが」）—不特定の人の場合

　　***On* a volé le vélo de Marie.**
　　［オナヴォレ　ルヴェロドゥマリー］

　　誰かがマリーの自転車を盗んだ。

1 ➡ 強勢形人称代名詞 moi「（男・女）私」(p.156)
2 ➡ on は、「〜される」という受け身も表しますので、この例文は「日本では、パンよりお米の方が好まれる。」とも訳します。(p.232)

12課 動詞 être・avoir の直説法現在

　直説法は、現在や過去における現実の行為・状態をそのまま述べる法で、8つの時制があります。まずは、各動詞の直説法現在（現在形）から見ていくことにしましょう。

❶ être の活用　　　🔊2-016

　動詞 être（英語の be に相当）は、動詞 avoir と並ぶフランス語の最も重要な基本動詞です。主語人称代名詞とともに、繰り返し書きながら発音し覚えましょう。

être 〜である、〜にいる [エートル]	
je suis [ジュ スュイ]	nous sommes [ヌッソム]
tu es [テュエ]	vous ‿êtes [ヴゼットゥ]
il ‿est [イレ]	ils sont [イルソン]
elle ‿est [エレ]	elles sont [エルソン]

Je *suis* japonais(e).　　〔être + 属詞（形容詞）〕
[ジュスュイ　ジャポネ(ーズ)]
私は日本人です。

On *est* étudiant(e)s.　　〔être + 属詞（名詞）〕
[オネテトゥディオン(トゥ)]
私たちは学生です。

Vous *êtes* très occupé(e)(s)?　　〔être + 属詞（形容詞）〕
[ヴゼットゥ　トレゾキュペ]
あなた（方）はとても忙しいのですか？

Elles *sont* dans la cuisine.　　〔場所〕
[エルソン　ドンラキュイズィーヌ]
彼女らは台所にいます。

➡ être の後で、属詞として用いられる国籍・職業・身分などを表す名詞は、ふつう冠詞をつけません。この無冠詞名詞は、名詞と形容詞の中間の性質を持ちますので、国籍を表す場合、語頭を大文字でも小文字でも書くことができます。現在では、小文字で書くケースが多いです。(p.270)

Elle est *anglaise*. ＝ Elle est *Anglaise*.　　　彼女はイギリス人です。
[エレトングレーズ]

➡ c'est, ce sont の後や、名詞の前後に形容詞が置かれている場合は、冠詞をつけます。

C'est *une* Chinoise.　　　あの人（彼女）は中国人です。
[セテュヌ　シノワーズ]

Ce sont *des* vendeurs.　　　あの人たち（彼ら）は販売員です。
[スソン　デヴォンドゥール]

Il est *un* écrivain célèbre.　　　彼は有名な作家です。
[イレタンネクリヴァン　セレーブル]

❷ avoir の活用

🔊 2-017

動詞 avoir（英語の have に相当）の直説法現在は次の通りです。

avoir　～を持つ [アヴォワール]	
j' ai [ジェ]	nous ‿avons [ヌザヴォン]
tu as [テュア]	vous ‿avez [ヴザヴェ]
il ⌢ a [イラ]	ils ‿ont [イルゾン]
elle ⌢ a [エラ]	elles ‿ont [エルゾン]

J'*ai* une sœur mignonne.　〔所有〕
[ジェ　ユヌスールミニョンヌ]
私にはかわいい妹（姉）がいる

Tu *as* de la monnaie ?　〔所有〕
[テュア　ドゥラモネ]
君は小銭を持ってる？

Elle *a* la grippe.　〔状態〕
[エラ　ラグリップ]
彼女はインフルエンザにかかっている。

On *a* vingt ans.　〔年齢〕
[オナ　ヴァントン]
私たちは 20 歳です。

Nous *avons* faim. 〔成句〕
［ヌザヴォン ファン］
私たちはお腹が空いています。

Vous *avez* mal à la tête ? 〔成句〕
［ヴザヴェ マーララテットゥ］
あなたは頭が痛いのですか？

➡ 提示表現 il y a の a は、avoir の 3 人称単数です。(p.96)
➡ avoir とともに成句をつくる名詞には、冠詞をつけません。また主語が複数形であっても、これら無冠詞名詞は変化しません。(p.270)

avoir faim	空腹である	avoir sommeil	眠い
avoir soif	喉が渇く	avoir peur de	〜を恐がる
avoir chaud	暑い	avoir honte de	〜を恥じる
avoir froid	寒い	avoir besoin de	〜が必要である
avoir raison	正しい	avoir envie de	〜が欲しい
avoir tort	間違っている	avoir mal à	〜（身体の部位）が痛い

― 身体の部位 ―

la tête	頭	la gorge	のど	le cœur	心臓
les yeux	目	les épaules	肩	l'estomac	胃
le nez	鼻	les bras	腕	le ventre	腹
les dents	歯	le dos	背中	les jambes	脚

13課　-er 動詞の直説法現在

12課では動詞 être・avoir について学びましたが、フランス語の動詞は、法や時制などに応じて綴り字や発音が変化します。この現象を活用といいますが、ここで少し動詞について触れておきましょう。

❶ 不定詞

フランス語では、動詞の原形を不定詞・または不定法といいますが、この不定詞は＜語幹＋語尾（dans + er = danser）＞から成り立っていて、それを語尾の特徴で分類すると、次の4種類に分かれます。

-er 動詞	第1群規則動詞 不規則動詞	donner, aimer... aller（例外）	フランス語の動詞の9割が –er 動詞です。第1群規則動詞の活用は規則的ですが、一部、変則的なものと不規則なものがあります。
-ir 動詞	第2群規則動詞 不規則動詞	finir, choisir... sortir, venir...	–ir 動詞の活用は、規則的なものと不規則なものがあります。
-re 動詞 -oir 動詞	不規則動詞	attendre, lire... voir, pouvoir...	–re 動詞と –oir 動詞の活用は、不規則です。

➡ 基本動詞 être・avoir は、一般動詞として以外に助動詞としても用いられるので、別称、基本不規則動詞といいます。

❷ -er 動詞の活用（第1群規則動詞） 🔊2-018

不定詞から語尾 –er を除き、そこに –er 動詞の語尾をあてはめて作ります。
発音する語尾と発音しない語尾がありますので、その点を注意してください。

語尾	parler 話す [パルレ] (parl*er*)	aimer 愛する [エメ] (aim*er*)
je –e [無音]	je parl*e* [ジュパルル]	j' aim*e* [ジェーム]
tu –es [無音]	tu parl*es* [テュパルル]	tu aim*es* [テュエーム]
il –e [無音]	il parl*e* [イルパルル]	il aim*e* [イレーム]
nous –ons [オン]	nous parl*ons* [ヌパルロン]	nous aim*ons* [ヌゼモン]
vous –ez [エ]	vous parl*ez* [ヴパルレ]	vous aim*ez* [ヴゼメ]
ils –ent [無音]	ils parl*ent* [イルパルル]	ils aim*ent* [イルゼーム]

➡ 3人称 elle、elles に関しては、今後は il、ils で代表して記載することにします。

Il *parle* français.[1]　　　　　　　　　　　　〔parler〕
[イルパルル フホンセ]
彼はフランス語を話す。

Je *danse* le tango.　　　　　　　　　　　　〔danser〕
[ジュドンス ルトンゴ]
私はタンゴを踊る。

Vous *collectionnez* les timbres ?　　　　　　〔collectionner〕
[ヴコレクスィォネ レターンブル]
あなたは切手を収集しているのですか？

Elles *habitent* à Paris.　　　　　　　　　　〔habiter〕
[エルザビットゥ アパリ]
彼女らはパリに住んでいる。

Nous *aimons* la cuisine japonaise.　　　　　〔aimer〕
[ヌゼモン ラキュイズィーヌジャポネーズ]
私たちは日本料理が好きです。

112

1 ➡ parler「〜語を話す」という場合は一般に冠詞はつけませんが、形容詞が置かれていたり、文中に副詞が入ると冠詞をつけます。

Il parle *un* français correct.
[イルパルル アンフホンセコレクトゥ]
彼は正しいフランス語を話す。

Il parle bien *le* français.
[イルパルル ビヤンルフホンセ]
彼は上手にフランス語を話す。

❸ -er 動詞の変則的活用（第1群規則動詞） 🔊 2-019

動詞には発音上の理由から、一部の音や綴り字が変わるものがあります。

manger 食べる (mang*er*) [モンジェ]	commencer 始める (commenc*er*) [コモンセ]
je mange [ジュモンジュ]	je commence [ジュコモンス]
tu manges [テュモンジュ]	tu commences [テュコモンス]
il mange [イルモンジュ]	il commence [イルコモンス]
nous mang*e*ons [ヌモンジョン]	nous commen*ç*ons [ヌコモンソン]
vous mangez [ヴモンジェ]	vous commencez [ヴコモンセ]
ils mangent [イルモンジュ]	ils commencent [イルコモンス]

Nous *partageons* la chambre. 〔partager〕
[ヌパフタジョン ラショーンブル]
私たちは部屋を共有している。

Nous *nageons* en piscine couverte. 〔nager〕
[ヌナジョン オンピスィーヌクヴェルトゥ]
私たちは室内プールで泳ぐ。

Nous *commençons* un travail. 〔commencer〕
[ヌコモンソン アントハヴァィユ]
私たちは仕事を始める。

peser 重さがある (pes**e**r) [プゼ]	appeler 呼ぶ (appel**e**r) [アプレ]	préférer の方を好む (préf**é**rer) [プレフェレ]
je p**è**se [ジュペーズ]	j' appe**ll**e [ジャペール]	je préf**è**re [ジュプレフェール]
tu p**è**ses [テュペーズ]	tu appe**ll**es [テュアペール]	tu préf**è**res [テュプレフェール]
il p**è**se [イルペーズ]	il appe**ll**e [イラペール]	il préf**è**re [イルプレフェール]
nous pesons [ヌプゾン]	nous appelons [ヌザプロン]	nous préférons [ヌプレフェホン]
vous pesez [ヴプゼ]	vous appelez [ヴザプレ]	vous préférez [ヴプレフェレ]
ils p**è**sent [イルペーズ]	ils appe**ll**ent [イルザペール]	ils préf**è**rent [イルプレフェール]

Tu *pèses* cent kilos ? 〔peser〕
[テュペーズ ソンキロ]
体重が100キロあるの？

Elle *jette* des documents. 〔jeter〕
[エルジェットゥ デドキュモン]
彼女は書類を捨てる。

Le professeur *répète* la même chose. 〔répéter〕
[ルプホフェッスール レペットゥ ラメームショーズ]
先生は同じことを繰り返し言う。

Il *possède* une grande fortune. 〔posséder〕
[イルポッセドゥ ユヌ グホンドゥホフチュン ヌ]
彼は莫大な財産を持っている。

employer 雇う (employer) [オンプロワイエ]	payer 支払う (payer) [ペイエ]	
j' emploie [ジョンプロワ]	je paie [ジュペ]	je paye [ジュペイユ]
tu emploies [テュオンプロワ]	tu paies [テュペ]	tu payes [テュペイユ]
il emploie [イロンプロワ]	il paie [イルペ]	il paye [イルペイユ]
nous employons [ヌゾンプロワィヨン]	nous payons [ヌペィヨン]	nous payons [ヌペィヨン]
vous employez [ヴゾンプロワィエ]	vous payez [ヴペィエ]	vous payez [ヴペィエ]
ils emploient [イルゾンプロワ]	ils paient [イルペ]	ils payent [イルペイユ]

On *paie* par chèque.　　〔payer〕
[オンペ　パールシェック]
私たちは小切手で支払う。

On *paye* en espèces.　　〔payer〕
[オンペィユ　オンネスペース]
私たちは現金で支払う。

115

14課 否定文（1）

「〜でない」と否定する場合、フランス語では＜主語＋ne＋動詞＋pas＞と、動詞をはさんで作ります。

🔊 2-020

主語 + **ne** + 動詞 + **pas**　〜でない
[ヌ]　　　　　　　　[パ]

être 否定形	avoir 否定形	parler 否定形
je *ne* suis *pas* [ジュヌスュイパ]	je *n'*ai *pas* [ジュネパ]	je *ne* parle *pas* [ジュヌパルルパ]
tu *n'*es *pas* [テュネパ]	tu *n'*as *pas* [テュナパ]	tu *ne* parles *pas* [テュヌパルルパ]
il *n'*est *pas* [イルネパ]	il *n'*a *pas* [イルナパ]	il *ne* parle *pas* [イルヌパルルパ]
nous *ne* sommes *pas* [ヌヌソムパ]	nous *n'*avons *pas* [ヌナヴォンパ]	nous *ne* parlons *pas* [ヌヌパルロンパ]
vous *n'*êtes *pas* [ヴネットゥパ]	vous *n'*avez *pas* [ヴナヴェパ]	vous *ne* parlez *pas* [ヴヌパルレパ]
ils *ne* sont *pas* [イルヌソンパ]	ils *n'*ont *pas* [イルノンパ]	ils *ne* parlent *pas* [イルヌパルルパ]

Elles sont prétentieuses.
→ Elles *ne* sont *pas* prétentieuses.　　彼女らはうぬぼれていない。
[エルヌソンパ　プレトンスューズ]

J'ai chaud.
→ Je *n'* ai *pas* chaud.　　暑くないです。
[ジュネパ　ショ]

➡ 日常会話では、ne を省略することもあります。
　C'est pas difficile.　　難しくないよ。
　[セパ　ディフィスィール]
➡ ne 〜 pas 以外の否定形については、(p.210)

❶ 否定の冠詞：de

🔊 2-021

直接目的補語となる名詞の前に、不定冠詞 un、une、des や部分冠詞 du、de la、de l' がついている場合、否定文ではこれらの冠詞が＜de＞になります。

Vous avez *un* appartement.
→ Vous n'avez pas *d*'appartement.　　あなたはアパートを持っていない。
［ヴナヴェパ　ダパフトゥモン］

Il y a *des* tomates dans le frigo.
→ Il n'y a pas *de* tomates dans le frigo.　　冷蔵庫にトマトがない。
［イルニヤパ　ドゥトマットゥドンルフリゴ］

J'achète *de la* viande.
→ Je n'achète pas *de* viande.　　私は肉を買わない。
［ジュナシェトゥパ　ドゥ　ヴィヨンドゥ］

➡ ただし c'est、ce sont の場合、不定冠詞や部分冠詞は否定文でも変わりません。

C'est *du* beurre.　　　　　→　Ce n'est pas *du* beurre.
［セデュ　ブール］　　　　　　　　［スネパ　デュブール］
それはバターです。　　　　　　　　それはバターではありません。

Ce sont des allumettes.　　→　Ce ne sont pas des allumettes.
［スソン　デザリュメットゥ］　　　［スヌソンパ　デザリュメットゥ］
それらはマッチです。　　　　　　　それらはマッチではありません。

➡ 定冠詞 le、la、les は、否定文でも変わりません。

Il aime *le* fromage.　　　　→　Il n'aime pas *le* fromage.
［イレーム　ルフォマージュ］　　　［イルネームパ　ルフォマージュ］
彼はチーズが好きです。　　　　　　彼はチーズが好きではない。

15課　疑問文

❶ 肯定疑問文　　　🔊 2-022

「ですか？」とたずねる場合の疑問文は、フランス語では次の3通りで作ることができます。

問い	Vous avez des enfants ? ［ヴザヴェ　デゾンフォン］ Est-ce que vous avez des enfants ? ［エスクヴザヴェ　デゾンフォン］ Avez-vous des enfants ? ［アヴェヴ　デゾンフォン］	お子さんはいますか？
応答	—Oui, j'ai des enfants. ［ウィ　ジェデゾンフォン］ —Non, je n'ai pas d'enfants. ［ノン　ジェネパドンフォン］	—はい、います。 —いいえ、いません。

(1) イントネーションの場合—肯定文の文尾のイントネーションを上げるだけで、疑問文になります。日常会話でよく用いられます。

Tu es écolier ?（↗）
［テュエ　エコリエ］
君は小学生なの？

—Oui, je suis écolier.
［ウィ　ジュスュイゼコリエ］
—うん、小学生だよ。

Ce sont des bonbons ?（↗）
［スソン　デボンボン］
これ飴なの？

—Non, ce ne sont pas des bonbons.
［ノン　スヌソンパ　デボンボン］
—いや、飴じゃないよ。

(2) Est-ce que の場合—文頭に est-ce que [エスク] をつけると疑問文になります。日常会話で用いられますが、イントネーションの場合より疑問が強調されます。

Est-ce que vous étudiez le japonais ?
[エスク ヴゼテュディエ ルジャポネ]
あなたは日本語を勉強しているのですか？

—Oui, j'étudie le japonais.
[ウィ ジェテュディ ルジャポネ]
—はい、日本語を勉強しています。

Est-ce qu' elle mange des légumes ?
[エスケルモンジュ デレギューム]
彼女は野菜を食べますか？

—Non, elle ne mange pas de légumes.
[ノン エルヌモンジュパ ドゥレギューム]
—いいえ、彼女は野菜を食べません。

Est-ce qu' il y a de la mayonnaise ?
[エスキリヤ ドゥラマヨネーズ]
マヨネーズはありますか？

—Non, il n'y a plus de mayonnaise.[1]
[ノン イルニヤプリュ ドゥマヨネーズ]
—いいえ、もうマヨネーズはありません。

1 ➡ ne ~ plus 「もう～ない」(p.210)

(3) 倒置形の場合—主語と動詞を倒置し、その間をトレ・デュニヨンで結んで疑問文にします。主に文章で用いられますが、会話でも用いられます。

être 肯定倒置形	avoir 肯定倒置形	parler 肯定倒置形
suis-je ? [スュイジュ]	ai-je ? [エージュ]	parlé-je ?[2] [パルレジュ]
es-tu ? [エテュ]	as-tu ? [アテュ]	parles-tu ? [パルルテュ]
est-il ? [エティル]	a-*t*-il ?[1] [アティル]	parle-*t*-il ?[1] [パルルティル]
sommes-nous ? [ソムヌ]	avons-nous ? [アヴォンヌ]	parlons-nous ? [パルロンヌ]
êtes-vous ? [エットゥヴ]	avez-vous ? [アヴェヴ]	parlez-vous ? [パルレヴ]
sont-ils ? [ソンティル]	ont-ils ? [オンティル]	parlent-ils ? [パルルティル]

1 ➡ 3人称単数では母音の衝突を避けるために、間に<-t->を入れます。
2 ➡ -er動詞では、この1人称単数の倒置形は会話では用いられません。ですので、est-ce que をつけるか、イントネーションで疑問文を表します。

(a) 主語が人称代名詞の場合

Sont-ils à la bibliothèque ?　　彼らは図書館にいるのですか？
［ソンティル　アラビブリオテック］

Avez-vous de la fièvre ?　　熱があるのですか？
［アヴェヴ　ドゥラフィエーヴル］

Fume-t-elle beaucoup ?　　彼女はよくタバコを吸うのですか？
［フュムテル　ボク］

(b) 主語が名詞（Sébastien、le camion など）の場合—名詞を文頭に残し、代名詞で受けかえて倒置します。これを複合倒置といいます。

　Patricia est célibataire.
→ Patricia *est-elle* célibataire ?　　パトリシアは独身ですか？
［パトリスィア　エテルセリバテール］

　Marc et Anne ont des soucis.
→ Marc et Anne *ont-ils* des soucis ?　　マルクとアンヌは心配事があるのですか？
［マークエアンヌ　オンティルデススィ］

　Le train arrive à l'heure.
→ Le train *arrive-t-il* à l'heure ?　　列車は定刻に着きますか？
［ルトハン　アリーヴティルアルール］

❷ 否定疑問文

🔊 2-023

「〜ではないのですか？」とたずねる場合の否定疑問文も、同じ要領で作ることができますが、返答が Non「はい」、Si「いいえ」になる点に注意してください。

問い	Vous n'avez pas d'enfants ? [ヴナヴェパ　ドンフォン] Est-ce que vous n'avez pas d'enfants ? [エスクヴナヴェパ　ドンフォン] N'avez-vous pas d'enfants ? [ナヴェヴパ　ドンフォン]	お子さんはいないのですか？
応答	—Non, je n'ai pas d' enfants. [ノン　ジュネパドンフォン] —Si, j'ai des enfants. [スィ　ジェデゾンフォン]	—はい、いません。 —いいえ、います。

Tu n'es pas fatigué ?　　　　　　　　　君は疲れてないの？
[テュネパ　ファティゲ]
—*Non*, je ne suis pas fatigué.　　　　　—うん、疲れてないよ。
[ノン　ジュヌスュイパ　ファティゲ]
Ne dînez-vous pas ?　　　　　　　　　夕食はとらないのですか？
[ヌディネヴパ]
—*Si*, je dîne plus tard.　　　　　　　　—いいえ、後で夕食をとります。
[スィ　ジュディーヌ　プリュタール]

être 否定倒置形	avoir 否定倒置形	parler 否定倒置形
ne suis-je pas ? [ヌスュイージュパ]	n'ai-je pas ? [ネージュパ]	ne parlé-je pas ? [ヌパルレジュパ]
n'es-tu pas ? [ネテュパ]	n'as-tu pas ? [ナテュパ]	ne parles-tu pas ? [ヌパルルテュパ]
n'est-il pas ? [ネティルパ]	n'a-*t*-il pas ? [ナティルパ]	ne parle-*t*-il pas ? [ヌパルルティルパ]
ne sommes-nous pas ? [ヌソムヌパ]	n'avons-nous pas ? [ナヴォンヌパ]	ne parlons-nous pas ? [ヌパルロンヌパ]
n'êtes-vous pas ? [ネットゥヴパ]	n'avez-vous pas ? [ナヴェヴパ]	ne parlez-vous pas ? [ヌパルレヴパ]
ne sont-ils pas ? [ヌソンティルパ]	n'ont-ils pas ? [ノンティルパ]	ne parlent-ils pas ? [ヌパルルティルパ]

➡ il y a の倒置形は次のようになります。
Y a-t-il des tigres blancs au zoo ?　　〔肯定倒置形〕
［イヤティル　デティーグルブロン　オゾオ］　その動物園に白い虎はいますか？

N'y a-t-il pas de tigres blancs au zoo ?　〔否定倒置形〕
［ニヤティルパ　ドゥティーグルブロン　オゾオ］　その動物園に白い虎はいないのですか？

16課 指示形容詞

(1) 指示形容詞（英語の this、that、these、those に相当）は、「この〜、その〜、あの〜」と名詞を指し示す形容詞です。ですので、名詞の性・数に応じて変化します。

🔊 2-024

男性単数	女性単数	男女複数
ce（cet[1]） [ス][セットゥ]	cette [セットゥ]	ces [セ]

男女単数		男女複数	
ce tableau [ス タブロ]	この絵	*ces* tableaux [セ タブロ]	これらの絵
cet opéra [セットペラ]	このオペラ	*ces* opéras [セ ゾペラ]	これらのオペラ
cette statue [セットゥ スタチュ]	この彫像	*ces* statues [セ スタチュ]	これらの彫像

Ce spectacle est toujours plein.
[ス スペクタークル エ トゥジュール プラン]
このショーはいつも満員です。

Cet amphithéâtre est à gauche ?
[セットンフィテアトル エタゴーシュ]
その講堂は左側ですか？

Le jardin de *cette* maison est bien soigné.
[ル ジャフダン ドゥ セットゥ メゾン エ ビヤン ソワニエ]
あの家の庭はちゃんと手入れが行き届いている。

Ces bananes ne sont pas encore mûres.
[セ バナヌ ヌ ソン パ オンコール ミュール]
これらのバナナはまだ熟していない。

1 ➡ 男性単数形にある cet は、母音字・または無音の h で始まる男性単数名詞の前で用います。これは名詞に前置している形容詞の場合も同じです。

| ~~ce immeuble~~ | → | *cet* immeuble
[セッティムーブル] | あのビル |
| ~~ce excellent projet~~ | → | *cet* excellent projet
[セッテクセロン プロジェ] | この優れた計画 |

➡ 時の表現でも、この指示形容詞が用いられます。

| l'après-midi
[ラプレミディ] | → | *cet* après-midi
[セッタプレミディ] | 今日の午後 |

(2) 遠近の対比を表す場合──名詞の後に、-ci「この〜」・-là「あの〜」をつけて併用します。

Ce vin-*ci* est bon, mais ce vin-*là* est plat.
［スヴァンスィエボン　メスヴァンラエプラ］
このワインはおいしいけど、あのワインはコクがない。

Cette chemise-*ci* est en coton et cette chemise-*là* est en soie.
［セットゥシュミーズスィエトンコットン　エセットゥシュミーズラエトンソワ］
こちらのシャツは綿で、あちらのシャツはシルクです。

➡ 指示代名詞については。(p.204)

17課　所有形容詞

所有代名詞（英語の my、you などに相当）は、「私の〜」「あなたの〜」を意味し、名詞の性・数に応じて変化します。

🔊 2-025

所有者＼名詞	男性単数	女性単数	男女複数
私の	mon [モン]	ma [マ] (mon¹)	mes [メ]
君の	ton [トン]	ta [タ] (ton¹)	tes [テ]
彼の／彼女の	son [ソン]	sa [サ] (son¹)	ses [セ]
私たちの	notre [ノートル]		nos [ノ]
あなた(方)の／君たちの	votre [ヴォートル]		vos [ヴォ]
彼らの／彼女らの	leur [ルール]		leurs [ルール]

男女単数		男女複数	
son fils [ソン フィス]	彼(彼女)の息子	*ses* fils [セ フィス]	彼(彼女)の息子たち
sa fille [サ フィーユ]	彼(彼女)の娘	*ses* filles [セ フィーユ]	彼(彼女)の娘たち
son amie [ソナミ]	彼(彼女)の友達	*ses* amies [セザミ]	彼(彼女)の友達たち

La voiture de *ma* mère est en panne.
[ラヴォワチュール ドゥ マ メール エトンパンヌ]
母の車は故障している。

Est-ce que je porte *vos* bagages dans *votre* chambre ?
[エスクジュポフトゥ ヴォバギャージュドンヴォートルショーンブル]
あなたのお荷物をお部屋に持っていきましょうか？

1 ➡ 女性単数形にある mon、ton、son は、母音字・または無音の h で始まる女性単数名詞の前で用います。名詞に前置している形容詞の場合も同じです。

| ~~sa~~ idée | → | *son* idée [ソニデ] | 彼（彼女）のアイデア |
| ~~sa admirable œuvre~~ | → | *son* admirable œuvre. [ソナドミ ハーブルーヴル] | 彼（彼女）の感嘆すべき作品 |

➡ 身体の部分を表す場合は、一般に定冠詞を用います。
　　J'ai mal à *mon* dos.　→　j'ai mal *au* dos.　　　　背中が痛い。
　　Il croise *ses* jambes.　→　Il croise *les* jambes.　　彼は脚を組んでいる。
➡ 次の例文を比較してみましょう。
　　〔髪の所有者が彼女であることを、主語の elle が明示しているので定冠詞〕
　　Elle a *les* cheveux longs.　　　　　　　　　　　彼女は髪が長い。
　　〔主語による所有者の明示がないので、誰の髪か限定するため所有形容詞〕
　　Ses cheveux sont longs.　　　　　　　　　　　　彼女の髪は長い。
➡ 所有代名詞については。(p.205)

18課　副詞

副詞は、動詞や形容詞などを修飾する語で不変です。まずは、形容詞や他の副詞と比較しながら、副詞の主な用法をみていきましょう。

❶ 形容詞と副詞の比較

🔊 2-026

(1) 形容詞との比較

形容詞	例	副詞	例
bon [ボン] よい	Jean est un *bon* chanteur. [ジャンエタンボンショントゥール] ジャンはうまい歌手です。	**bien** [ビヤン] よく	Il chante *bien*. [イルショントゥビヤン] 彼は歌がうまい。
mauvais [モヴェ] 悪い	Nathalie est une *mauvaise* chanteuse. [ナタリーエテュヌモヴェーズショントゥーズ] ナタリーは下手な歌手です。	**mal** [マール] 悪く	Elle chante *mal*. [エルショントゥマール] 彼女は歌が下手だ。
rapide [ハピッドゥ] 速い	Ce train est *rapide*. [ストハンエハピッドゥ] この電車は速い。	**vite** [ヴィットゥ] 速く	Il roule *vite*. [イルルールヴィトゥ] それは速く走る。
lent [ロン] 遅い	Cette voiture est *lente*. [セットゥヴォワチュールエロントゥ] この車は遅い。	**lentement** [ロントゥモン] 遅く	Elle roule *lentement*. [エルルールロントゥモン] それはゆっくり走る。

(2) 副詞との比較

副詞	例	副詞	例
beaucoup [ボク] 大変 非常に いっぱい	Elle travaille *beaucoup*. [エルトハヴァイユボク] 彼女はよく（たくさん）働く。	**bien** [ビヤン] よく	Elle travaille *bien*. [エルトハヴァイユビヤン] 彼女はよく（きちんと）働く。
	Elle parle *beaucoup*. [エルパルルボク] 彼女はよく（たくさん）話す。	**très** [トレ] 大変 非常に とても	Elle est *très* bavarde. [エレトレバヴァフドゥ] 彼女はとてもおしゃべりだ。
	~~Elle parle très *beaucoup*.~~		Elle parle *très* bien. [エルパルルトレビヤン] 彼女はとても上手に話す。
	~~Elle a *beaucoup* faim.~~		Elle a *très* faim. [エラトレファン] 彼女はとてもお腹が空いている。

127

➡ 例外もありますが、多綴りの副詞の多くは形容詞から派生したものです。

〔女性形からの場合〕
général	→	générale	→	généralement	一般に
franc	→	franche	→	franchement	率直に

〔語末が母音の場合は男性形から〕
poli	→	poliment	礼儀正しく
absolu	→	absolument	絶対に

〔形容詞の語末 –ent、–ant [ã] は、副詞では –emment、–amment [amã] と発音〕
récent	→	récemment	最近
[レッソン]		[レッサモン]	
suffisant	→	suffisamment	十分に
[スュフィゾン]		[スュフィザモン]	

➡ いくつかの形容詞には、副詞の意味を持つものもあります。

Il chante juste. (≠ faux)　　　彼はしっかりとした音程（調子はずれの音程）で歌う。
Il parle fort. (≠ bas)　　　　 彼は大声（小声）で話す。

❷ 副詞および副詞句の種類　🔊 2-027

場所	partout [パルトゥ]	いたるところ	quelque part [ケルクパール]	どこかで
	ici [イスィ]	ここに	là [ラ]	あそこに
数量・程度	presque [プレスク]	ほとんど	à peu près [アププレ]	およそ
	davantage [ダヴァンタージュ]	いっそう	tellement [テルモン]	とても
時・頻度	tôt [ト]	早く	déjà [デジャ]	すでに
	longtemps [ロントン]	長い間	tout à coup [トゥタク]	突然に
様態	plutôt [プリュト]	むしろ	par hasard [パールアザール]	偶然に
	gentiment [ジョンティモン]	親切に	en vain [オンヴァン]	無駄に
推定	peut-être [プテートル]	たぶん	sans doute [ソンドゥットゥ]	おそらく

❸ 副詞の位置 🔊 2-028

(1) 文を修飾する場合、一般に文頭に置かれます。

　　Heureusement, c'est pas grave.　幸いにも、大したことはありません。
　　［ウルーズモン　セパグハーヴ］

(2) 形容詞やその他の副詞を修飾する場合、一般に修飾する品詞の前に置かれます。

　　C'est *trop* cher.　　　　　　　それは高すぎる。
　　［セ　トホシェール］

　　Elle parle *trop* vite.　　　　　彼女は早口すぎる。
　　［エルパルル　トホヴィットゥ］

(3) 動詞を修飾する場合、一般に動詞の後に置かれます。

　　Ils vivent *ensemble*.　　　　　彼らは一緒に暮らしている。
　　［イルヴィーヴ　オンソーンブル］

➡ 副詞が重なる場合の比較をしてみましょう。(p.167)
　　Il fait *très* chaud.　　　　　　　　とても暑い。
　　Il fait *vraiment très* chaud.　　　本当にとても暑い。
　　Il fait *vraiment très* chaud *aujourd'hui*.　今日は本当にとても暑い。
➡ 複合時制での副詞の位置については。(p.182)

19課　前置詞

前置詞は、名詞・形容詞・副詞・不定詞などを、文中の他の要素に結びつける語で不変です。様々な用法（場所、時間、手段、方法など）がありますが、ここでは基本的な前置詞の用例を見ていくことにしましょう。

à	par	devant	avant	vers	entre
de	pour	derrière	après	envers	parmi
en	sur	chez	jusque	pendant	avec
dans	sous	contre	depuis	durant	sans

➡ これら前置詞の中には、avant、après のように副詞や名詞として用いられるものもあります。

🔊 2-029

前置詞		例
à [ア]	〔場所〕 〜に、〜で 〜へ	**Tu travailles *à* la bibliothèque ?** [テュトハヴァイユ アラビブリオテック] 君は図書館で働いているの？
	〔時間〕 〜時に	**Partez-vous *à* dix heures ?** [パフテヴ アディズール] 10時に出発するのですか？
	〔所有〕 〜の	**Ce livre est *à* Dominique ?** [スリーヴル エタドミニック] この本はドミニックのなの？
	〔特徴〕 〜を持った	**Il y a un homme *aux* cheveux gris.** [イリヤ アノムオシュヴグリ] 白髪混じりの男性がいる。
	〔à＋不定詞〕 〜することを	**J'hésite *à* acheter cette résidence.** [ジェズィットゥ アアシュテセットゥレズィドンス] あのマンションを買うのをためらう。
de [ドゥ]	〔場所〕 〜から	**Elle arrive *de* la gare.** [エラリーヴ ドゥラギャール] 彼女は駅から到着する。
	〔時間〕 〜から	**Cécile étudie le piano *du* matin au soir.** [セスィールエテュディ ルピヤノデュマタンオソワール] セシールは朝から晩までピアノの稽古をする。

	〔所有〕 〜の	**C'est la bicyclette *de* mon frère.** ［セラビスィクレットゥ　ドゥモンフレール］ それは私の弟（兄）の自転車です。
	〔de＋不定詞〕 〜することを	**Il rêve *de* devenir avocat.** ［イルレーヴ　ドゥドゥヴニールアボカ］ 彼は弁護士になることを夢見ている。
en ［オン］	〔場所〕 〜に 〜へ	**Tu habites *en* banlieue ?** ［テュアビットゥ　オンバンリュ］ 君は郊外に住んでいるの？
	〔材料〕 〜でできた	**C'est un jouet *en* bois.** ［セタンジュエ　オンボワ］ それは木製のおもちゃです。
	〔様態〕 〜の状態に	**Les cerisiers sont *en* fleur.** ［レスリズィエ　ソントンフルール］ 桜が満開です。
	〔手段・方法〕 〜で 〜によって	**Nous allons au travail *en* bus.** ［ヌザロンオトハヴァィユ　オンビュス］ 私たちはバスで通勤する。
par ［パール］	〔通過〕 〜を通って 〜から	**Il entre *par* le jardin.** ［イロントル　パールルジャフダン］ 彼は庭から入る。
	〔手段・方法〕 〜によって	**J'envoie ce paquet *par* la poste.** ［ジョンヴォワスパケ　パールラポストゥ］ この小包みを郵便で送る。
	〔配分〕 〜につき 〜ごとに	**Vous fumez vingt cigarettes *par* jour ?** ［ヴフュメヴァンスィギャレットゥ　パールジュール］ 1日にタバコを20本吸うのですか？
pour ［プール］	〔方向〕 〜に向かって 〜行きの	**Christophe a pris l'avion *pour* Londres.** ［クリストフ　アプリラヴィヨン　プールロンドル］ クリストフはロンドン行きの飛行機に乗った。
	〔対象・適応〕 〜に対して	**L'exercice modéré est bon *pour* la santé.** ［レグゼルスィスモデレエボン　プールラソンテ］ 適度な運動は健康にいい。
	〔用途・宛先〕 〜のための	**C'est un médicament *pour* la toux.** ［セタンメディカモン　プールラトゥ］ それは咳止めの薬です。

avec [アヴェック]	〔同伴・共同〕 〜と一緒に	Je vais au théâtre *avec* mes collègues. ［ジュヴェオテアートル　アヴェックメコレーグ］ 同僚たちと芝居を見に行く。
	〔手段・用具〕 〜を使って 〜で	Les Japonais mangent *avec* des baguettes. ［レジャポネモンジュ　アヴェックデバゲットゥ］ 日本人はお箸で食べる。
sans [ソン]	〜なしに	C'est une boisson *sans* alcool. ［セテュヌボワッソン　ソンザルコール］ それはノンアルコール飲料です。
	〔sans＋不定詞〕 〜することな しに	Elle travaille *sans* bavarder. ［エルトハヴァイユ　ソンバヴァフデ］ 彼女は無駄話せずに働く。

20課　場所の表現

❶ 場所や位置

(◀2-030)

場所や位置を示す場合の表現について、見ていきましょう。

前置詞（句）	例
sur [スュール] 〜の上に（の）	Le vase est *sur* la table. [ルヴァーズエ　スュールラターブル] 花瓶はテーブルの上にある。
sous [ス] 〜の下に	Le tapis est *sous* la table. [ルタピエ　スラターブル] カーペットはテーブルの下にある。
dans [ドン] 〜の中に（で、の）	Le suspect est *dans* sa maison. [ルスュスペエ　ドンサメゾン] 容疑者は家の中にいる。
chez[1] [シェ] 〜の家（店）で	Le suspect est *chez* sa copine. [ルスュスペエ　シェサコピンヌ] 容疑者は女友達の家にいる。
devant [ドゥヴォン] 〜の前に（で）	Une voiture stationne *devant* la banque. [ユヌヴォワチュールスタッスィヨンヌ　ドゥヴォンラボンク] 銀行の前に車が1台停まっている。
derrière [デリエール] 〜の後ろに（で）	Un camion stationne *derrière* la banque. [アンキャミヨンスタッスィヨンヌ　デリエールラボンク] 銀行の裏にトラックが1台停っている。
à côté de [アコテドゥ] 〜のそばに	Cette église est *à côté de* la fleuriste. [セッテグリーズ　エタコテドゥラフルリストゥ] その教会は花屋のそばにある。
en face de [オンファスドゥ] 〜の正面に	Cette église est *en face de* la mairie. [セッテグリーズ　エトンファスドゥラメリ] その教会は市役所の正面にある。
au bout de [オブドゥ] 〜の端に	Sa chambre est située *au bout du* couloir. [サショーンブルエスィテュエ　オブデュクルワール] 彼（彼女）の部屋は廊下の突き当たりに位置する。
au bord de [オボールドゥ] 〜の岸で	Sa villa est située *au bord de* la mer. [サヴィッラエスィテュエ　オボールドゥラメール] 彼（彼女）の別荘は海岸に位置する。

au milieu de [オミリュドゥ] 〜の真ん中に（で）	Il y a une fontaine *au milieu de* la place. [イリヤユヌフォンテーヌ　オミリュドゥラプラス] 広場の真ん中に噴水がある。
au centre de [オソントルドゥ] 〜の中心に	Il y a une école *au centre de* la ville. [イリヤユネコール　オソントルドゥラヴィッル] 町の真ん中に学校がある。

1 ➡ chez は前置詞（句）の後で用いることができます。

  Il rentre *de* chez le dentiste.   彼は歯医者から戻る。
  Nous déménageons *près de* chez notre grand- 私たちは祖母の家の近くに引っ
  mère.   越す。

➡ 次の例文を比較してみましょう。

Il est assis	{ *sur* une chaise. *dans* un fauteuil.	彼は椅子の上に座っている。 彼は肘掛椅子に座っている。
Je marche	{ *sur* le boulevard. *dans* la rue.	大通りを歩く。 通りを歩く。
Je regarde	{ un film *à* la télévision. un mot *dans* le dictionnaire.	テレビで映画を見る。 辞書で単語を調べる。
Je vais	{ *à* la boulangerie. *chez* le boulanger.	パン屋へ行く。

····· 商店 ·····

à l'épicerie	chez l'épicier	食料店に
à la boucherie	chez le boucher	牛肉屋に
à la charcuterie	chez le charcutier	豚肉屋に
à la poissonnerie	chez le poissonnier	魚屋に
à la pâtisserie	chez le pâtissier	ケーキ屋に

副詞	例
dedans [ドゥドン] 中に（で）	Son chien est encore dans la maison ? [ソンシヤンエトンコール ドンラメゾン] 彼（彼女）の犬はまだ家の中にいるの？ —Oui, il est *dedans*. [ウィ イレドゥドン] —ええ、中にいるよ。
dehors [ドゥオール] 外に（で）	—Non, il est *dehors*. [ノン イレドゥオール] —いや、外にいるよ。
dessus [ドゥッスュ] 上に	Le chat est sur le canapé ? [ルシャ エ スュールルカナペ] 猫はソファーの上にいるの？ —Oui, il est *dessus*. [ウィ イレドゥッスュ] —うん、上にいるよ。
dessous [ドゥッス] 下に	—Non, il est *dessous*. [ノン イレドゥッス] —いや、下にいる。

➡ 前置詞句としての表現もあります。
　au-dessus de　〜の上に　　au-dessous de　〜の下に

❷国・都市

🔊 2-031

「（国・都市）〜に、〜で、〜へ」と示す場合、その固有名詞によって次のように前置詞が変わります。

前置詞+国名・都市名	例
en +女性国名（単数） ＊定冠詞は省く	J'habite *en* Belgique. [ジャビットゥ オンベルジック] 私はベルギーに住んでいる。 Tu habites *en* Espagne ? [テュアビットゥ オンネスパーニュ] 君はスペインに住んでいるの？
au +男性国名（単数） ＊à +定冠詞の縮約	Je suis né(e) *au* Japon. [ジュスュイネ オジャポン] 私は日本で生まれた。 Est-ce qu'elle est née *au* Brésil ? [エスケレネ オブレズィル] 彼女はブラジルで生まれたのですか？

aux ＋男・女性国名 （複数） ＊à＋定冠詞の縮約	**Je passe mes vacances *aux* Etats-Unis.** ［ジュパッスメヴァコンス　オゼタズユニ］ 私はアメリカでバカンスを過ごす。 **Passez-vous vos vacances *aux* Philippines ?** ［パッセヴヴォヴァコンス　オフィリピンヌ］ あなたはフィリピンでバカンスを過ごすのですか？
à＋都市名	**Je suis *à* Paris.** ［ジュスユイザパリ］ 私はパリにいる。 **Est-ce qu'ils sont *à* New York ?** ［エスキルソン　アニューヨーク］ 彼らはニューヨークにいるのですか？

➡ 語頭が母音字の男性国名（単数）は、前置詞 en を用います。
　〔男性国名〕　　*en* Iraq　　イラクに（で）　　*en* Angola　　アンゴラ共和国に（で）
➡ 無冠詞の国名は、前置詞 à を用います。
　〔無冠詞の国名〕　*à* Cuba　　キューバに（で）　　*à* Madagascar　マダガスカルに（で）
　　　　　　　　　à Taïwan　台湾に（で）　　　　*à* Singapour　　シンガポールに（で）
➡ 動詞 visiter「〜を訪れる」では、これら前置詞は要りません。
　　Je visite Lyon.　　　　~~à Lyon~~　　　　私はリヨンを訪れる。
　　Je visite la Grèce.　　~~en Grèce~~　　　私はギリシアを訪れる。

---- 国名 ----

〔女性国名〕		〔形容詞〕	〔男性国名〕		〔形容詞〕
la France	フランス	français(e)	le Japon	日本	japonais(e)
l'Angleterre	イギリス	anglais(e)	le Portugal	ポルトガル	portugais(e)
l'Allemagne	ドイツ	allemand(e)	le Canada	カナダ	canadien(ne)
l'Espagne	スペイン	espagnol(e)	le Brésil	ブラジル	brésilien(ne)
l'Italie	イタリア	italien(ne)	le Maroc	モロッコ	marocain(e)
la Chine	中国	chinois(e)	les Etats-Unis	アメリカ	américain(e)
la Hollande	オランダ	hollondais(e)	les Pays-Bas	オランダ	

21課 動詞 aller・venir の直説法現在

❶ aller・venir の活用 (不規則動詞) 🔊2-032

使用頻度の高い aller（英語の go に相当）と、venir（英語の come に相当）について見ていきましょう。

aller 行く [アレ]	venir 来る [ヴニール]
je vais [ジュヴェ]	je viens [ジュヴィヤン]
tu vas [テュヴァ]	tu viens [テュヴィヤン]
il va [イルヴァ]	il vient [イルヴィヤン]
nous allons [ヌザロン]	nous venons [ヌヴノン]
vous allez [ヴザレ]	vous venez [ヴヴネ]
ils vont [イルヴォン]	ils viennent [イルヴィエンヌ]

Où *va*-t-il ?
[ウ ヴァティル]
彼はどこへ行くのですか？

—Il *va* à la piscine avec ses enfants.
[イルヴァ アラピスィーヌアヴェックセゾンフォン]
— 子供たちとプールへ行くのです。

Est-ce que vous *venez* des Etats-Unis ?
[エスクヴヴネ デゼタズユニ]
あなたはアメリカから来られたのですか？

—Non, je *viens* du Canada.
[ノン ジュヴィヤン デュカナダ]
— いいえ、カナダから来ました。

—Non, je *viens* de France.[1]
[ノン ジュヴィヤン ドゥフホンス]
— いいえ、フランスから来ました。

―Non, je *viens* de Lyon.
　［ノン ジュヴィヤン ドゥリヨン］
　―いいえ、リヨンから来ました。

> 1 ➡ 「～から」を意味する前置詞 de の後に、女性国名（単数）がくる場合、定冠詞は省きます。
> 　Elle revient *d'* Italie. 　　　　　　　彼女はイタリアから戻ってくる。
> ➡ ただし、それ以外（女性国名単数）の場所の表現では、冠詞をつけます。
> 　Elle revient *de la* banque. 　　　　　彼女は銀行から戻ってくる。

Aller は、日常の挨拶にも用いられます。(p.84)

　Comment ça *va* ? 　　　　　　どう、元気？
　［コモンサヴァ］
　―**Ça *va*, merci. Et toi ?** 　　　―元気だよ。で、君は？
　［サヴァメルスィ　エトワ］
　Vos parents *vont* bien ? 　　　ご両親はお元気ですか？
　［ヴォパホンヴォンヴィヤン］
　―**Oui, ils *vont* bien.** 　　　　　―はい、元気です。
　［ヴィ　イルヴォンヴィヤン］

❷近接未来と近接過去　　　　　🔊 2-033

　近接未来は現在に近い未来を表し、近接過去は現在に近い過去を表します。特に、近接未来は日常会話でも頻繁に用いられます。

| 近接未来 | aller | +不定詞 | （これから）～するところです |
| 近接過去 | venir de | +不定詞 | ～したところです |

　Je *vais partir*.
　［ジュヴェパフティール］
　これから出かけます。

　Le cours *va commencer*.
　［ルクールヴァコモンセ］
　授業がもう始まる。

　Ils ne *vont* pas *rentrer*.
　［イルヌヴォンパホントレ］
　彼らはすぐには帰宅しないでしょう。

➡ 近接未来は時の表現と用いれば、より近い未来・またはより先の未来まで表すことができます。
Cet avion *va décoller* dans quelques‿instants.
この飛行機は間もなく離陸します。
Nous *allons rester* deux ou trois‿ans en France.
私たちはフランスに 2、3 年いるつもりです。

Patricia est là ?
［パトリスィア エラ］
パトリシアはいますか？

—Non, elle *vient de sortir*.
［ノン エルヴィヤンドゥソフティール］
—いいえ、出かけたところです。

Mon fils *vient d'avoir* cinq ans.
［モンフィスヴィヤンダヴォワールサンコン］
息子は 5 歳になったばかりです。

➡ 近接過去は、否定形ではほとんど用いられません。
➡ 時制は、直説法現在と直説法半過去に限られます。(p.214)

　近接未来・近接過去は、動詞本来の「行く」「来る」の意味はありませんが、よく似た形で本来の意味を持つ"目的"を表す用法もありますので、注意してください。

aller	+不定詞	～しに行く
venir	+不定詞	～しに来る

Elle *va chercher* son mari à la gare.
［エルヴァシェルシェ ソンマリアラギャール］
彼女は駅に夫を迎えに行く。

Elle *vient voir* sa fille une fois par mois.
［エルヴィヤンヴォワールサフィーユ ユヌフォワパールモワ］
彼女は月に 1 回娘に会いに来ます。

➡ 次の例文を比較してみましょう。
Je *vais*‿*acheter* une maison, l'année prochaine. 〔近接未来〕
　　　　　　　　　　　　　　　　　　　　　　　　　来年、家を買います。

Je *vais*‿*acheter* des fleurs. 〔～をしに行く〕
　　　　　　　　　　　　　　　　花を買いに行きます。

22課 -ir 動詞の直説法現在

❶ -ir 動詞の活用（第2群規則動詞） 🔊 2-034

不定詞から語尾 −ir を除き、そこに −ir 動詞の語尾をあてはめて作ります。

語尾	finir 終わる (fin*ir*)［フィニール］	choisir 選ぶ (chois*ir*)［ショワズィール］
je −*is*［イ］	je fin*is*［ジュフィニ］	je chois*is*［ジュショワズィ］
tu −*is*［イ］	tu fin*is*［テュフィニ］	tu chois*is*［テュショワズィ］
il −*it*［イ］	il fin*it*［イルフィニ］	il chois*it*［イルショワズィ］
nous −*issons*［イッソン］	nous fin*issons*［ヌフィニッソン］	nous chois*issons*［ヌショワズィッソン］
vous −*issez*［イッセ］	vous fin*issez*［ヴフィニッセ］	vous chois*issez*［ヴショワズィッセ］
ils −*issent*［イッス］	ils fin*issent*［イルフィニッス］	ils chois*issent*［イルショワズィッス］

Nous *finissons* notre partie de tennis.　　〔finir〕
［ヌフィニッソン　ノートルパフティドゥテニス］
私たちはテニスの試合を終える。

***Choisissez*-vous ce pantalon ?**　　〔choisir〕
［ショワズィッセヴ　スポンタロン］
このズボンを選びますか？

Les arbres fleurissent au printemps.　　〔fleurir〕
［レザフブル　フルリッス　オプラントン］
木々は春には花を開く。

➡ この第2群規則動詞には、形容詞から派生したものもあります。

grand	→	grandir	大きくなる	rouge	→	rougir	赤くなる
vieile	→	vieillir	年をとる	jaune	→	jaunir	黄色になる
maigre	→	maigrir	やせる	blond	→	blondir	ブロンドになる

❷ -ir 動詞の活用 （不規則動詞）

🔊 2-035

partir 出発する (partir) [パフティール]	tenir 保つ (tenir) [トゥニール]	ouvrir 開く (ouvrir) [ウヴリール]
je pars [ジュパフ]	je tiens [ジュティヤン]	j' ouvre [ジューヴル]
tu pars [テュパフ]	tu tiens [テュティヤン]	tu ouvres [テュウーヴル]
il part [イルパフ]	il tient [イルティヤン]	il ouvre [イルーヴル]
nous partons [ヌパフトン]	nous tenons [ヌトゥノン]	nous ouvrons [ヌズヴホン]
vous partez [ヴパフテ]	vous tenez [ヴトゥネ]	vous ouvrez [ヴズヴレ]
ils partent [イルパフトゥ]	ils tiennent [イルティエンヌ]	ils ouvrent [イルズーヴル]

Ils ne *partent* pas encore ? 〔partir〕
[イルヌパフトゥパ オンコール]
彼らはまだ出発しないのですか？

Tu *obtiens* toujours de bons résultats. 〔obtenir〕
[テュオプティヤン トゥジュールドゥボンレズュルタ]
君はいつも好成績を収める。

Elle ouvre les rideaux. 〔ouvrir〕
[エルーヴル レリドー]
彼女はカーテンを開ける。

➡ ouvrir 型は、第 1 群規則動詞の活用と同じです。

23課　疑問形容詞

「どんな？、何の？、どの？」とたずねる場合の疑問形容詞（英語のwhichに相当）は、関係する名詞の性・数に一致しますが、形容詞としてだけでなく、代名詞としてはたらく場合もあります。

🔊 2-036

男性単数	女性単数	男性複数	女性複数
quel [ケル]	quelle [ケル]	quels [ケル]	quelles [ケル]

(1) 形容詞として働く場合

Quel livre lisez-vous ?　　　　何の本を読んでいるのですか？
[ケル リーヴル リゼヴ]

Quelle heure est-il ?　　　　何時ですか？
[ケルール エティル]

Quels vêtements vas-tu acheter ?　君はどんな服を買うの？
[ケル ヴェットゥモン ヴァテュアシュテ]

➡ 前置詞との用法もあります。
De quel pays êtes-vous ?　　　お国はどちらですか？
A quelle heure partez-vous ?　　何時に出発するのですか？

(2) 代名詞として働く場合

Quel est ton métier ?　　　　君の職業は何なの？
[ケレ トン メティエ]

Quelles sont vos couleurs préférées ?　あなたの好きな色は何ですか？
[ケルソン ヴォ クルール プレフェレ]

➡ この疑問形容詞には様々な意味があり、「誰」「(数量) どれだけ」などの意味でも用いられます。
Quel est ce monsieur ?　　　あの方はどなたですか？
Quelle est la hauteur de cette tour ?　この塔の高さはどれくらいですか？

(3) 疑問形容詞は、感嘆文にも用いられます。(p.274)

Quelle chaleur !　　　　　　　　　なんて暑さだ！
[ケルシャルール]

Quel film ennuyeux !　　　　　　なんてつまらない映画だ！
[ケルフィルムオンニュィユ]

| 問い | Vous avez quel âge ?
[ヴザヴェ　ケラージュ]
Quel âge est-ce que vous avez ?
[ケラージュ　エスクヴザヴェ]
Quel âge avez-vous ?
[ケラージュ　アヴェヴ] | あなたは何歳ですか？ |

24課 疑問副詞

「どこへ？」「いつ？」「どのように？」とたずねる場合の疑問副詞（英語のwhere, when, howに相当）について、見ていきましょう。 🔊 2-037

où どこへ [ウ]	combien いくら [コンビヤン]	comment どのように [コモン]
quand いつ [コン]	pourquoi なぜ [プルクワ]	

Où est Sophie ?
[ウエ ソフィー]
ソフィーはどこにいるの？

—Elle est dans la cour.
[エレ ドンラクール]
—中庭にいるよ。

Quand arrive-t-il ?
[コン アリーヴティル]
彼はいつ着きますか？

—Il arrive demain matin.
[イラリーヴ ドゥマンマタン]
—明日の朝到着します。

Comment voyagez-vous ?
[コモン ヴォワィヤジェヴ]
あなた方はどのように旅行するのですか？

—Nous voyageons en bateau.
[ヌヴォワィヤジョン オンバト]
—私たちは船で旅行します。

Combien coûtent ces chaussures ? この靴はいくらですか？
[コンビヤン クートゥセショッシュール]

—Elles coûtent quarante euros.
[エルクートゥ キャホントゥーホ]
—40ユーロです。

Pourquoi ne mangez-vous pas ?
[プルクワ ヌモンジェヴパ]
どうして食べないのですか？

—Parce que je viens de manger.
[パスク ジュヴィヤン ドゥモンジェ]
—食べたばかりだからです。

➡ 前置詞との用法もあります。

Jusqu'où allez–vous ? どこまで行くのですか？
—Jusqu' à Paris. —パリまで。
Depuis quand habitez–vous ici ? いつからここにお住まいですか？
—Depuis deux ans. —2年前から。

問い	Vous partez quand ? [ヴパフテ コン] Quand est-ce que vous partez ? [コンテスク ヴパフテ] Quand partez-vous ? [コン パフテヴ]	いつ出発するのですか？

144

25課 数量の表現

❶ 数詞

🔊 2-038

　フランス語の数詞は、私たち日本人には馴染みにくい複雑な数え方をします。まずは基数を声に出して読みながら、綴り字を書いて覚えていきましょう。

(1) 基数

基数　0～19							
0	zéro [ゼホ]						
1	un、une [アン][ユヌ]	6	six [スィス]	11	onze [オーンズ]	16	seize [セーズ]
2	deux [ドゥ]	7	sept [セットゥ]	12	douze [ドゥーズ]	17	dix-sept [ディセットゥ]
3	trois [トワ]	8	huit [ユイットゥ]	13	treize [トレーズ]	18	dix-huit [ディズユイットゥ]
4	quatre [キャトル]	9	neuf [ヌフ]	14	quatorze [キャトーズ]	19	dix-neuf [ディズヌフ]
5	cinq [サンク]	10	dix [ディス]	15	quinze [キャーンズ]		

　数詞が形容詞的に名詞を従える場合、母音字・または無音のhで始まる名詞では、リエゾンやアンシェヌマンをします。子音字で始まる名詞の場合と比較してみましょう。

un arbre　　huit arbres　　un jour　　　huit jours
[アンナフブル]　[ユイッタフブル]　[アン ジュール]　[ユィ ジュール]
trois arbres　neuf arbres　　trois jours　neuf jours
[トワザフブル]　[ヌッファフブル]　[トワ ジュール]　[ヌフ ジュール]
cinq arbres　dix arbres　　　cinq jours　　dix jours
[サンカフブル]　[ディザフブル]　　[サン（ク）ジュール]　[ディ ジュール]
six arbres　　douze arbres　six jours　　douze jours
[スィザフブル]　[ドゥーザフブル]　[スィ ジュール]　[ドゥーズ ジュール]

➡ 1は、不定冠詞の時と同様に、女性名詞の前では une になります。
　　un melon　1個のメロン　　　　*une* pomme　1個のリンゴ
➡ 5、6、8、10は、子音字で始まる名詞の前では語末の子音字を発音しません。
　　ただし、5は日常会話では発音することもあります。
➡ 9は、an「歳」と heure「時」の前では、[ヌフ] ではなく [ヌヴ] とリエゾンします。
　　neuf⌣ans　9歳　　　　　　　　*neuf⌣heures*　9時
　　[ヌヴォン]　　　　　　　　　　　　[ヌヴール]

70 から複雑になってきますので、まずは数え方を簡単にまとめておきます。
- 21 〜 69 →＜ 20 + 6 = 26 ＞　　＜ 40 + 3 = 43 ＞
- 70 〜 79 →＜ 60 + 10 = 70 ＞　＜ 60 + 15 = 75 ＞
- 80 〜 99 →＜ 4 × 20 = 80 ＞　　＜ 4 × 20 + 18 = 98 ＞

基数 20 〜 99

20 vingt [ヴァン]	21 vingt et un [ヴァンテアン]	22 vingt-deux [ヴァントゥドゥ]
30 trente [トホントゥ]	31 trente et un [トホンテアン]	32 trente-deux [トホントゥドゥ]
40 quarante [キャホントゥ]	41 quarante et un [キャホンテアン]	42 quarante-deux [キャホントゥドゥ]
50 cinquante [サンコントゥ]	51 cinquante et un [サンコンテアン]	52 cinquante-deux [サンコントゥドゥ]
60 soixante [ソワソントゥ]	61 soixante et un [ソワソンテアン]	62 soixante-deux [ソワソントゥドゥ]
70 soixante-dix [ソワソントゥディス]	71 soixante et onze [ソワソンテオーンズ]	72 soixante-douze [ソワソントゥドゥーズ]
80 quatre-vingts [キャトルヴァン]	81 quatre-vingt-un [キャトルヴァンアン]	82 quatre-vingt-deux [キャトルヴァンドゥ]
90 quatre-vingt-dix [キャトルヴァンディス]	91 quatre-vingt-onze [キャトルヴァンオーンズ]	92 quatre-vingt-douze [キャトルヴァンドゥーズ]

➡ 21、31、41、51、61 のように、端数に 1 があると et un(e) となります。
　vingt *et un* stylos　21 本のペン　　vingt *et une* gommes　21 個の消しゴム
➡ 20 = vingt は語末の子音字 –t を発音しませんが、22 〜 29 では –t を軽く発音します。
➡ 20 = vingt は、80 = quatre-vingts のように前に乗数がある場合は、複数の –s をつけますが、81 〜 99 のように端数がある場合は、–s は要りません。

基数 100 〜 10 000 000

100 cent [ソン]	101 cent un [ソンアン]
300 trois cents [トワソン]	318 trois cent dix-huit [トワソンディズユイットゥ]
1 000 mille [ミル]	7 300 sept mille trois cents [セットゥミルトワソン]
10 000 dix mille [ディミル]	52 400 cinquante-deux mille quatre cents [サンコントゥドゥミルキャトルソン]
100 000 cent mille [ソンミル]	980 000 neuf cent quatre-vingt mille [ヌフソンキャトルヴァンミル]
1 000 000 un million [アンミリヨン]	3 000 000 trois millions [トワミリヨン]
10 000 000 dix millions [ディミリヨン]	30 000 020 trente millions vingt [トホントゥミリヨンヴァン]

➡ 100 = cent は、200 = deux cents のように前に乗数がある場合は、複数の –s をつけますが、端数がある場合は -s は要りません。
➡ mille は無変化です。
➡ 100万以上の million、milliard、billion などは名詞なので、前に乗数がある場合は端数があっても複数の –s をつけます。また、名詞を従えている場合は間に de を入れます。ただし、端数がある場合は de は要りません。

quatre millions *d'*euros	400万ユーロ
quatre millions cinq cent mille euros	450万ユーロ

(2) 序数―「一番目の~」「第二の~」と順序を表す序数の作り方は、一部を除き次のようになります。

基数 + ième = 序数

序数　1er ~ 100^e

1$^{er(ere)}$	premier, première [プルミエ][プルミエール]	11^e	onzième [オンズィエンム]
2^e	deuxième, second(e) [ドゥズィエンム][スゴン(ドゥ)]	17^e	dix-septième [ディセッティエンム]
3^e	troisième [トワズィエンム]	19^e	dix-neuvième [ディズヌヴィエンム]
4^e	quatrième [キャトリエンム]	20^e	vingtième [ヴァンティエンム]
5^e	cinquième [サンキエンム]	21^e	vingt et unième [ヴァンテユニエンム]
6^e	sixième [スィズィエンム]	30^e	trentième [トホンティエンム]
7^e	septième [セッティエンム]	70^e	soixante-dixième [ソワソントゥディズィエンム]
8^e	huitième [ユイッティエンム]	71^e	soixante et onzième [ソワソンテオンズィエンム]
9^e	neuvième [ヌヴィエンム]	81^e	quatre-vingt-unième [キャトルヴァンユニエンム]
10e	dixième [ディズィエンム]	100^e	centième [ソンティエンム]

➡ 1er は、女性名詞の前では première になります。
　　le premier jour　　　最初の日　　*la première* rue　　　最初の通り
➡ 2e には、second (e) という形もあります。
　　le second chapitre　　　第2章　　*la seconde* jeunesse　　　第2の青春
➡ 基数の語末が –e の場合、それを省略して –ième をつけます。
　　quatre　→　quatr*ième*　4番目の　　douze　→　douz*ième*　12番目の
➡ 5e は語末に –u を加え、9e は語末の –f を –v に変えます。
　　cinq　→　cinq*uième*　5番目の　　neuf　→　neu*vième*　9番目の

❷ 数量の表現

🔊 2-039

(1) おおまかな数量・程度を表す場合＜数量副詞＋ de ＋無冠詞名詞＞

beaucoup de [ボクドゥ] たくさんの〜	Ils ont *beaucoup d*'amis. [イルゾン　ボクダミ] 彼らはたくさん友達がいる。
un peu de [アンプドゥ] 少しの〜	Je mange *un peu de* champignons. [ジュモンジュ　アンプドゥションピニオン] 少しきのこを食べます。
peu de [プドゥ] ごくわずかな〜	Mon père gagne *peu d*'argent. [モンペールギャーニュ　プダフジョン] 父はあまりお金を稼がない。
assez de [アッセドゥ] 十分な〜	Tu as *assez de* temps ? [テュア　アッセドゥトン] 時間はたっぷりある？
trop de [トホドゥ] あまりに多くの〜	Il y a *trop de* gens ici. [イリヤ　トホドゥジョンイスィ] ここは人が多すぎる。
combien de [コンビヤンドゥ] どれだけの〜	*Combien de* frères avez-vous ? [コンビヤンドゥフレール　アヴェヴ] ご兄弟は何人おられますか。

➡ 無冠詞名詞ですが、数えられる名詞は複数形で、数えられない名詞は単数形にします。
➡ 数えられる名詞では、上記以外に quelques 「いくつかの」などを用います。(p.208)

(2) 数量単位を表す場合＜数量単位を表す名詞＋ de ＋無冠詞名詞＞

un kilo de [アンキロドゥ] 1キロの〜	*deux kilos d*'oranges [ドゥキロドホンジュ] 2キロのオレンジ
une livre de [ユヌリーヴルドゥ] 半キロの〜	*une livre de* farine [ユヌリーヴルドゥファリーヌ] 500グラムの小麦粉
un litre de [アンリットルドゥ] 1リットルの〜	*trois litres d*'eau [トワリットルド] 3リットルの水
un verre de [アンヴェールドゥ] （グラス）1杯の〜	*un verre de* vin blanc [アンヴェールドゥヴァンブロン] 1杯の白ワイン
une tranche de [ユヌトホンシュドゥ] 一切れ・薄切りの〜	*cinq tranches de* jambon [サンクトホンシュドゥジョンボン] ハム5切れ
un paquet de [アンパケドゥ] 1箱・パックの〜	*quatre paquets de* bonbons [キャトルパケドゥボンボン] キャンデー4袋

26課　時の表現（1）

この課では時間・曜日・日付など、日常生活で欠かせない時の表現について見ていくことにしましょう。

❶ 時間

🔊 2-040

時間の表し方は12時間表記と、列車の発着時刻などに用いる24時間表記があります。どちらも非人称構文の＜ il est ~ heure(s)... ＞「~時...分です」で表します。(p.166)

時刻	12時間表記	24時間表記
7h05	Il est sept heures cinq. ［イレセットゥールサンク］ 7時5分です。	Il est sept heures cinq. ［イレセットゥールサンク］ 7時5分です。
8h15	Il est huit heures et quart. ［イレユイットゥールエキャール］ 8時15分です。	Il est huit heures quinze. ［イレユイットゥールキャーンズ］ 8時15分です。
8h30	Il est huit heures et demie. ［イレユイットゥールエドゥミ］ 8時半です。	Il est huit heures trente. ［イレユイットゥールトホントゥ］ 8時30分です。
8h45	Il est neuf heures moins le quart. ［イレヌヴールモワンルキャール］ 9時15分前です。	Il est huit heures quarante-cinq. ［イレユイットゥールキャホントゥサンク］ 8時45分です。
8h50	Il est neuf heures moins dix. ［イレヌヴールモワンディス］ 9時10分前です。	Il est huit heures cinquante. ［イレユイットゥールサンコントゥ］ 8時50分です。
9h00	Il est neuf heures (du matin). ［イレヌヴール（デュマタン）］ （午前）9時です。	Il est neuf heures. ［イレヌヴール］ 9時です。
12h00	Il est midi. ［イレミディ］ 正午です。	Il est douze heures. ［イレドゥーズール］ 12時です。

時刻	12時間表記	24時間表記
13h01	Il est une heure une. ［イレユヌールユヌ］ 1時1分です。	Il est treize heures une. ［イレトレズールユヌ］ 13時1分です。
21h00	Il est neuf heures (du soir). ［イレヌヴール（デュスワール）］ （午後）9時です。	Il est vingt et une heure. ［イレヴァンテユヌール］ 21時です。
24h00	Il est minuit. ［イレミニュイ］ 午前0時です。	Il est vingt-quatre heures. ［イレヴァンキャトルール］ 24時です。

❷ 季節・年月日

◀︎2-041

(1) 年 ―「～年に」は前置詞 en を用います。

　　Tu es né(e) en quelle année ?
　　［テュエネ　オンケラネ］
　　君は何年に生まれたの？

　　—*En 1990.*
　　　［オン　ミルヌフソンキャトルヴァンディス］
　　—1990年に。

(2) 季節 ― 季節はすべて男性名詞です。語頭が子音字で始まる「春に」では au を用いますが、母音字・または無音の h で始まる「夏に、秋に、冬に」では en を用います。

printemps 春 ［プラントン］	automne 秋 ［オトンヌ］
été　　　　夏 ［エテ］	hiver　　　冬 ［イヴェール］

　　Allez-vous visiter l'Europe *au printemps* ?
　　［アレヴヴィズィテルーロップ　オプラントン］
　　春にヨーロッパを訪れるのですか？

　　Nous allons voyager au Japon *en été.*
　　［ヌザロンヴォワィヤジェオジャポン　オンネテ］
　　私たちは夏に日本を旅行します。

(3) 月―「～月に」は、en または au mois de を用います。

janvier [ジョンヴィエ]	1月	mai [メ]	5月	septembre [セプトーンブル]	9月
février [フェヴリエ]	2月	juin [ジュアン]	6月	octobre [オクトーブル]	10月
mars [マルス]	3月	juillet [ジュイエ]	7月	novembre [ノヴォーンブル]	11月
avril [アヴリル]	4月	août [ウ（ウットゥ）]	8月	décembre [デッソーンブル]	12月

Elles viennent à Paris *en avril*.
［エルヴィエンヌアパリ　オンナヴリル］
彼女らは4月にパリに来る。

Les travaux commencent *au mois d'octobre*.
［レトハヴォコモンス　オモワドクトーブル］
工事は10月に始まる。

(4) 曜日―曜日もすべて男性名詞ですが、前置詞は要りません。

lundi [ランディ]	月曜日	vendredi [ヴォンドルディ]	金曜日
mardi [マルディ]	火曜日	samedi [サムディ]	土曜日
mercredi [メルクルディ]	水曜日	dimanche [ディモンシュ]	日曜日
jeudi [ジュディ]	木曜日		

On est quel jour ?
［オネ　ケルジュール］
何曜日ですか？

―On est jeudi.
［オネ　ジュディ］
―木曜日です。

➡ 定冠詞 le をつけると、「(毎週)～曜日に」という意味になります。
　Il part à Milan *dimanche*.　　彼は日曜日にミラノへ出発する。
　Il va à l'église *le dimanche*.　彼は毎週日曜日に教会へ行く。

(5) 日付—定冠詞 le をつけますが、1 日に限り序数を、2 日目以降は基数を用います。

On est le combien ?
[オネ　ルコンビヤン]
今日は何日ですか？

—On est *le 1ᵉʳ novembre*.
[オネ　ルプルミエノヴォーンブル]
—11月1日です。

Son anniversaire est *le 23 mai*.
[ソナニヴェルセールエ　ルヴァントゥトワメ]
彼（彼女）の誕生日は5月23日です。

➡ 年月日は、日本語とは順番が逆になります。
　le 11 juillet 2010　　　　2010年7月11日

❸ 頻度

🔊 2-042

頻度	副詞（句）	例
＋＋＋＋＋	**toujours** [トゥジュール] いつも	Vous êtes *toujours* à l'heure. [ヴィゼットゥ　トゥジュール　アルール] あなたはいつも時間を守る。
＋＋＋＋	**souvent** [スヴォン] しばしば	Tu es très *souvent* absent. [テュエ　トレスヴォン　アプソン] 君はしょっちゅう欠席している。
＋＋＋	**de temps en temps** [ドゥトンゾントン] 時々	On va *de temps en temps* au cinéma. [オンヴァ　ドゥトンゾントン　オスィネマ] 私たちは時どき映画を見に行く。
＋＋	**parfois** [パフフォワ] 時には　**quelquefois** [ケルクフォワ] 時には	On va *parfois* au théâtre. [オンヴァ　パフフォワ　オテアートル] 私たちは時おり芝居を見に行く。　On va *quelquefois* à l'opéra. [オンヴァ　ケルクフォワ　アロペハ] 私たちは時おりオペラを見に行く。
＋	**rarement** [ハールモン] めったに（ない）	Elle vient *rarement* chez moi. [エルヴィヤン　ハールモン　シェモワ] 彼女はめったにうちの家に来ない。

➡ 否定形 ne ~ jamais「一度も~ない」も、頻度を表します。(p.210)

27課　-re 動詞の直説法現在

❶ -re 動詞の活用（不規則動詞）　🔊 2-043

　この動詞は、すべて不規則動詞になります。型の数も多く複雑ですので、繰り返し発音しながら書いて覚えていきましょう。

attendre 待つ ［アットーンドル］	prendre 取る ［ポーンドル］	eteindre （火を）消す ［エッターンドル］
j' attends ［ジャットン］	je prends ［ジュポーン］	j' éteins ［ジェッタン］
tu attends ［テュアットン］	tu prends ［テュポーン］	tu éteins ［テュエッタン］
il attend ［イラットン］	il prend ［イルポーン］	il éteint ［イレッタン］
nous attendons ［ヌザットンドン］	nous prenons ［ヌプノン］	nous éteignons ［ヌゼテニョン］
vous attendez ［ヴザットンデ］	vous prenez ［ヴプネ］	vous éteignez ［ヴゼテニエ］
ils attendent ［イルザットンドゥ］	ils prennent ［イルプレーンヌ］	ils éteignent ［イルゼテーニュ］

Tu *attends* ta mère depuis combien de temps ?　〔attendre〕
［テュアットンタメール　ドゥピュイコンビヤンドゥトン］
どれくらい前からお母さんを待っているの？

Quand est-ce que vous *prenez* votre congé ?　〔prendre〕
［コンテスクヴポネ　ヴォートルコンジェ］
いつ休暇を取るのですか？

153

faire する [フェール]	dire 言う [ディール]	lire 読む [リール]	rire 笑う [リール]
je fais [ジュフェ]	je dis [ジュディ]	je lis [ジュリ]	je ris [ジュリ]
tu fais [テュフェ]	tu dis [テュディ]	tu lis [テュリ]	tu ris [テュリ]
il fait [イルフェ]	il dit [イルディ]	il lit [イルリ]	il rit [イルリ]
nous faisons [ヌフゾン]	nous disons [ヌディゾン]	nous lisons [ヌリゾン]	nous rions [ヌリヨン]
vous faites [ヴフェットゥ]	vous dites [ヴディットゥ]	vous lisez [ヴリゼ]	vous riez [ヴリエ]
ils font [イルフォン]	ils disent [イルディーズ]	ils lisent [イルリーズ]	ils rient [イルリ]

Il *lit* toujours des romans policiers.　　　　　　　〔lire〕
[イルリトゥジュール　デホモンポリスィエ]
彼はいつも推理小説を読んでいる。

Est-ce que vous *faites* souvent des gâteaux ?　　　〔faire〕
[エスクヴフェットゥ　スヴォンデギャト]
よくお菓子を作るのですか？

➡ faire と jouer を比較してみましょう。
　　Je fais *du* tennis.　　= Je joue *au* tennis.　　テニスをする。
　　Je fais *du* piano.　　 = Je joue *du* piano.　　ピアノを弾く。
➡ nous faisons [ヌフゾン] は、例外的な発音になります。

mettre 置く [メットル]	connaître 知っている [コネートル]	plaire 気に入る [プレール]	vivre 生きる [ヴィーヴル]
je mets [ジュメ]	je connais [ジュコネ]	je plais [ジュプレ]	je vis [ジュヴィ]
tu mets [テュメ]	tu connais [テュコネ]	tu plais [テュプレ]	tu vis [テュヴィ]
il met [イルメ]	il connaît [イルコネ]	il plaît [イルプレ]	il vit [イルヴィ]
nous mettons [ヌメットン]	nous connaissons [ヌコネッソン]	nous plaisons [ヌプレゾン]	nous vivons [ヌヴィヴォン]
vous mettez [ヴメッテ]	vous connaissez [ヴコネッセ]	vous plaisez [ヴプレゼ]	vous vivez [ヴヴィヴェ]
ils mettent [イルメットゥ]	ils connaissent [イルコネッス]	ils plaisent [イルプレーズ]	ils vivent [イルヴィーヴ]

Je *mets* la télécommande sur la table. 〔mettre〕
[ジュメラテレコモンドゥ スュールラターブル]
テーブルにリモコンを置く。

Vous *connaissez* Monsieur Duval ? 〔connaître〕
[ヴコネッセ ムッスュデュヴァル]
デュヴァルさんをご存知ですか？

L'addition, s'il vous *plaît* ! 〔plaire〕
[ラディッスィヨン スィルヴプレ]
お勘定、お願いします。

Ils *vivent* dans l'aisance. 〔vivre〕
[イルヴィーヴ ドンレゾンス]
彼らはゆったりと暮らしている。

écrire 書く [エクリール]	conduire 運転する [コンデュイール]	boire 飲む [ボワール]	croire 信じる [クワール]
j' écris [ジェクリ]	je conduis [ジュコンデュイ]	je bois [ジュボワ]	je crois [ジュクワ]
tu écris [テュエクリ]	tu conduis [テュコンデュイ]	tu bois [テュボワ]	tu crois [テュクワ]
il écrit [イレクリ]	il conduit [イルコンデュイ]	il boit [イルボワ]	il croit [イルクワ]
nous écrivons [ヌゼクリヴォン]	nous conduisons [ヌコンデュイゾン]	nous buvons [ヌビュヴォン]	nous croyons [ヌクワィヨン]
vous écrivez [ヴゼクリヴェ]	vous conduisez [ヴコンデュイゼ]	vous buvez [ヴビュヴェ]	vous croyez [ヴクワィエ]
ils écrivent [イルゼクリーヴ]	ils conduisent [イルコンデュイーズ]	ils boivent [イルボワーヴ]	ils croient [イルクワ]

David *écrit* très mal. 〔écrire〕
[ダヴィッドエクリ トレマール]
ダヴィッドはとても字が下手だ。

Vous *buvez* quelque chose ? 〔boire〕
[ヴビュヴェ ケルクショーズ]
何か飲みますか？

Quel film est-ce qu'il *produit* ? 〔produire〕
[ケルフィルム エスキルプホデュイ]
彼はどんな映画を製作するのですか？

28課　強勢形人称代名詞

人称代名詞としては、動詞の主語となる主語人称代名詞を11課で学びましたが、この課では、動詞から独立し、名詞に準ずる働きをする強勢形人称代名詞について取り上げることにします。

人称	単数		複数	
1人称	moi [モワ]	私	nous [ヌ]	私たち
2人称	toi [トワ]	君	vous [ヴ]	あなた（方）／君たち
3人称	lui [リュイ]	彼	eux [ウ]	彼ら
	elle [エル]	彼女	elles [エル]	彼女ら

➡主語が不定代名詞（on、chacun など）・または総称名詞の場合は、3人称代名詞の soi を用います。(p.208)
　　Chacun rentre chez *soi*.　　　　それぞれ家に帰る．

🔊2-044

(1) 主語を強調する場合

　　Lui, il a vingt-six ans, et *toi* ?　彼（ですか）、彼は26歳だよ、で君は？
　　［リュイ　イラヴァントゥスィゾン　エトワ］
　　—*Moi*, j'ai trente ans.　　　　—私（ですか）、私は30歳です。
　　［モワ　ジェトホントン］

(2) 属詞—c'est の後で

　　Qui a les billets, c'est Cyril ?　誰が切符を持っているの、シリルなの？
　　［キアレビエ　セスィリル］
　　—Non, c'est pas *lui*, c'est *moi*.　—いや、彼じゃないよ、私だよ。
　　［ノン　セパリュイ　セモワ］
　　Qui est là ?　　　　　　　　　　どなたですか？
　　［キエラ］
　　—C'est *nous*.　　　　　　　　　—私たちです。
　　［セヌ］

➡複数形 eux, elles の場合、ふつう ce sont‿eux としますが、実際では c'est‿eux、c'est‿elles と用いられることもあります。

(3) 前置詞の後で

 Tu vas chez tes amis avec Julie ?
 [テュヴァシェテザミ　アヴェックジュリー]
  ジュリーと友達の家に行くの？

 —Non, je ne vais pas chez *eux* avec *elle*.
 [ノン　ジュヌヴェパシェズ　アヴェッケル]
  —いや、彼女と彼らの家には行かない。

 Ce portable est à *vous* ?
 [スポフタブル　エタヴ]
  この携帯はあなたのですか？

 Il est furieux contre *vous* ?
 [イレフリュ　コントルヴ]
  彼はあなたに対してカンカンですか？

(4) 比較・制限—comme、que、ne〜que の後で

 Elle est habillée comme *moi*.
 [エレタビエ　コムモワ]
  彼女は私と同じような格好をしている。

 Il est plus riche que *nous*.
 [イレプリュリッシュ　クヌ]
  彼は私たちよりお金持ちです。

 Je n'aime que *toi*.
 [ジュネーム　クトワ]
  君だけを愛している。

(5) 肯定文・否定文での応答—aussi、non plus など

 J'adore le chocolat.
 [ジャドール　ルショコラ]
  私はチョコレートが大好きです。

 —*Moi* aussi.（—*Moi*, non.）
 [モワオッスィ]　　[モワノン]
  —私も。（—私はチョコレートが好きではない。）

 Je n'aime pas le café.
 [ジュネームパ　ルカフェ]
  私はコーヒーは好きではない。

 —*Moi* non plus.（—*Moi*, si.）
 [モワノンプリュ]　　[モワスィ]
  —私も。（—私はコーヒーが好き。）

 Elle ne fume pas.
 [エルヌフュムパ]
  彼女はタバコを吸わない。

 —*Lui* non plus.
 [リュイノンプリュ]
  —彼もだよ。

(6)「～自身」

<強勢形 – même>	
moi-même	nous-mêmes
toi-même	vous-même(s)
lui-même	eux-mêmes
elle-même	elles-mêmes

Mon neveu de sept ans fait la vaisselle *lui-même*.
[モンヌヴドゥセットン　フェラヴェッセールリュイメーム]
7歳の甥は自分で皿洗いをする。

➡ soi の場合は、soi-même です。

> 29課からは、活用や必要な例文以外は［カナ表記］を付けていません。ただし38課まで、リエゾンする場合に限り印（‿）を加えておきます。

29課　比較

比較する場合の表現について見ていきましょう。

❶ 比較級

比較級＼品詞	形容詞	副詞	動詞	名詞
優等比較級 〜より多く	plus+形+que [プリュ]	plus+副+que [プリュ]	動+plus+que [プリュス]	plus de+名+que [プリュ(またはプリュス)]
同等比較級 〜と同じくらい	aussi+形+que	aussi+副+que	動+autant+que	autant+名+que
劣等比較級 〜より少なく	moins+形+que	moins+副+que	動+moins+que	moins de+名+que

➡ que「〜よりも」は、文意がはっきりしている場合は省略できます。

(1) 形容詞との場合　　　　　　　　　　　　　　　🔊 2-045

　　Jean est *plus* âgé *que* Michel.　　ジャンはミシェルより年上です。
　　Alice est *aussi* âgée *que* Michel.　　アリスはミシェルと同じ歳です。
　　Simon est *moins* âgé *que* Michel.　　シモンはミシェルより年下です。

➡形容詞は、名詞や代名詞の性・数に一致します。

(2) 副詞との場合

　　Elle parle *plus* vite *que* sa mère.　　彼女は母親より早口です。
　　Elle parle *aussi* doucement *que* sa mère.
　　　　　　　　　　　　　　　　　　彼女は母親と同じくらい静かにしゃべる。
　　Elle parle *moins* fort *que* sa mère.　　彼女は母親ほど大声でしゃべらない。

(3) 動詞との場合

　　Mon frère joue *plus que* moi.　　弟は私より遊ぶ。
　　Mon frère lit *autant que* moi.　　弟は私と同じくらい読書する。
　　Mon frère dépense *moins que* moi.　　弟は私ほどお金を使わない。

159

(4) 名詞との場合

　　Il a *plus d*'amis que toi.　　　　　彼は君より友達がいる．
　　Il a *autant de* patience *que* vous.　彼はあなたと同じくらい我慢強い．
　　Il a *moins de* vêtements *qu*'elle.　彼は彼女ほど服を持ってはいない．

❷ 最上級

🔊 2-046

比較級＼品詞	形容詞	副詞	動詞	名詞
優等最上級 （〜の中で） 最も多く	le plus＋形＋de (le, la, les)	le plus＋副＋de	動＋le plus ［ル プリュス］	le plus de＋名
劣等最上級 （〜の中で） 最も少なく	le moins＋形＋de (le, la, les)	le moins＋副＋de	動＋le moins	le moins de＋名

➡ de「〜の中で」は、文意がはっきりしている場合は省略できます。
➡ 形容詞の最上級以外、定冠詞は常に le です。
➡ 最上級(2)(3)(4)は、関係代名詞 qui や強調構文 c'est〜qui... とともによく用いられます。(p.196、201)

(1) 形容詞との場合

(a) 属詞としての形容詞では、次のようになります。

　　Marc est *le plus* grand *de* la classe.
　　マルクはクラスで一番背が高い。

　　Estelle est *la moins* grande *de* sa famille.
　　エステルは家族の中で一番背が低い。

(b) 名詞を伴う形容詞では、その位置によって2通りの表現があります。

　　Le vin est la boisson *la plus* connue *de* la France.
　　ワインはフランスで一番知られている飲み物です。

　　C'est *la plus* vieille maison *de* cette ville.
　　(＝C'est la maison *la plus* vieille *de* cette ville.)
　　それはこの町で一番古い家です。

➡ 定冠詞の代わりに、所有形容詞を用いて最上級を表すこともできます。
　　C'est *ma plus* belle bague.　それは私の一番美しい指輪です。

(2) 副詞との場合

C'est David qui déjeune *le plus* rapidement *des* cinq.
5人の中で一番すばやく昼食を食べるのはダヴィッドです。

C'est Fanny qui court *le moins* vite *de* ses‿amies.
友達の中で一番走るのが遅いのはファニーです。

(3) 動詞との場合

C'est ma femme qui gagne *le plus*.
一番稼ぐのは妻です。

C'est mon mari qui travaille *le moins*.
一番働かないのは夫です。

(4) 名詞との場合

C'est moi qui ai *le plus de* livres.
一番本を持っているのは私です。

C'est toi qui as *le moins de* chance.
一番ついていないのは君だ。

❸ 特殊な形の比較級と最上級 🔊2-047

品詞	原級	比較級	最上級
形容詞	petit	moindre / plus petit	定冠詞 + moindre / 定冠詞 + plus petit
	mauvais	pire / plus mauvais	定冠詞 + pire / 定冠詞 + plus mauvais
	bon	meilleur	定冠詞 + meilleur
副詞	bien	mieux	le mieux

➡ moindre、pire は、抽象的・比喩的意味の場合に用い、通常は原則通りの plus petit、plus mauvais を用います。
　La pollution est *pire* qu'autrefois.　　汚染は昔よりひどい。

Cécile est *plus petite* que toi.
セシールは君より背が低い。

En chimie, elle est *la plus mauvaise* élève de la classe.
化学では、彼女がクラスで一番できの悪い生徒です。

La tarte aux pommes est bonne, mais la tarte aux myrtilles est *meilleure*.
リンゴタルトはおいしいが、ブルーベリータルトの方がおいしい。

C'est George qui écrit *le mieux*.
一番達筆なのはジョルジュです。

❹ その他の比較表現

🔊 2-048

(1) 比較の強調

| un peu
少し
beaucoup
はるかに、ずっと
bien
はるかに、ずっと | plus
moins(que)
mieux | C'est *un peu moins* cher.
それは少し安い。
Je vais *beaucoup mieux qu*'hier.
昨日よりはるかに体調がいいです。
Elle est *bien meilleure que* sa sœur.
彼女は姉よりずっと優秀だ。 |

(2) 段階的な比較

de plus en plus ますます、次第に	La vie en France augmente *de plus en plus*. フランスの物価はますます上がる。
de moins en moins だんだん少なく	Je parle de *moins en moins* avec lui. 私は彼とだんだん話さなくなった。
de mieux en mieux ますますよく	Elle joue *de mieux en mieux* du piano. 彼女はますますピアノが上達している。

(3) 平行する比較

Plus..., plus(moins)〜 …すればするほど、ますます多く(少なく)〜する	*Plus* l'examen approche, *plus* je travaille. テストが近づけば近づくほど、勉強する。
Autant..., autant 〜 …するのと同じだけ、〜する	*Autant* il est bon en anglais, *autant* il est nul en français. 彼は英語が得意な分、フランス語はできない。
Moins..., moins(plus) 〜 …少なければ少ないほど、より少なく(多く)〜する	*Moins* mon enfant rentre, *plus* je suis inquiète. 子供が帰らなければ帰らないほど、心配だ。

30課 -oir 動詞の直説法現在

❶ -oir 動詞の活用（不規則動詞） 🔊 2-049

この課では、最後の型である -oir 動詞について見ていくことにしましょう。

vouloir ～したい [ヴロワール]	pouvoir ～できる [プヴワール]	savoir 知っている [サヴォワール]	devoir ～しなければ [ドゥヴォワール] ならない
je veux [ジュヴ]	je peux [ジュプ]	je sais [ジュセ]	je dois [ジュドワ]
tu veux [テュヴ]	tu peux [テュプ]	tu sais [テュセ]	tu dois [テュドワ]
il veut [イルヴ]	il peut [イルプ]	il sait [イルセ]	il doit [イルドワ]
nous voulons [ヌヴロン]	nous pouvons [ヌプヴォン]	nous savons [ヌサヴォン]	nous devons [ヌドゥヴォン]
vous voulez [ヴヴレ]	vous pouvez [ヴプヴェ]	vous savez [ヴサヴェ]	vous devez [ヴドゥヴェ]
ils veulent [イルヴール]	ils peuvent [イルプーヴ]	ils savent [イルサーヴ]	ils doivent [イルドワーヴ]

(1) これら4つの動詞は、よく不定詞を従えて用いられます。

　　Je *veux* aller à Marseille.　　　　　　　　　〔vouloir〕
　　マルセイユに行きたい。

　　Tu *peux* lire sans lunettes?　　　　　　　　〔pouvoir〕
　　メガネなしで読める？

　　Il ne *peut* pas sortir aujourd'hui ?　　　　〔pouvoir〕
　　彼は今日外出できないの？

　　Savez-vous parler espagnol ?　　　　　　　〔savoir〕
　　スペイン語を話せますか？

　　Ils *doivent* prendre le train de sept heures.　〔devoir〕
　　彼らは7時の列車に乗らなければならない。

> ➡ vouloir のように願望を表す動詞には、désirer, souhaiter, espérer などがあります。
> 　　Elle *désire* travailler à l'étranger.
> 　　彼女は外国で働きたがっている。
>
> ➡ pouvoir の1人称単数の倒置形は、peux–je? ではなく、puis–je? を用います。
> 　　*Puis–je* entrer?（= Est-ce que je peux entrer?）
> 　　入ってもいいですか？

➡ savoir「(学んで身についている能力) できる」と、pouvoir「(可能性) できる」の違いに注意してください。

　　Je *sais* conduire. Mais je ne *peux* pas conduire ce soir parce que je suis un peu ivre.
　　運転はできる。だけど今夜は少し酔っているので運転できない。

(2) pouvoir 以外は、名詞と用いることもできます。

　　Elle *veut* un collier pour son anniversaire.
　　彼女は誕生日にネックレスを欲しがっている。

　　Tu *dois* deux cents euros à Laurent ?
　　君はローランに 200 ユーロ借りてるの？

　　Est-ce que vous *savez* ses poèmes par cœur ?
　　彼の詩を暗記していますか？

31課　非人称構文

「彼は、それは」の意味を持たない、形式上の il を用いて表す構文＜非人称の il＋動詞（3人称単数）＞を非人称構文といい、この構文で用いられる動詞を非人称動詞といいます。

本来的 非人称動詞	非人称構文だけに用いられる動詞のことをいいます。動詞は3人称単数の活用しか本来はありません。	falloir, pleuvoir neiger, venter... など
転化的 非人称動詞	非人称構文で、一時的に非人称動詞として用いられる一般の動詞のことをいいます。	être, arriver faire, venir... など

(1) 提示表現―＜ il y a～＞「～がある」　🔊 2-050

　　Dans ma chambre, *il y a* un canapé moderne.
　　私の部屋にはモダンなソファーがある。

(2) 時間の表現―＜ il est～heure（s）...＞「～時…分に」

　　Vous avez l'heure ?（＝Quelle heure est-il ?）
　　何時ですか？

　　―*Il est* onze *heures* juste.
　　―ちょうど11時です。

(3) 天候の表現―faire「作る、する」は、天候を表す場合に非人称動詞として用いられます。

　　Quel temps *fait-il* ?
　　天気はどうですか？

　　―*Il* va pleuvoir.
　　―雨が降り出しそうです。

<il fait＋形容詞>	<il＋非人称動詞>	<il y a＋名詞>
Il fait beau. 良い天気です。	*Il* pleut. 雨が降る。	*Il y a* du soleil. 日は照っている。
Il fait mauvais. 悪い天気です。	*Il* neige. 雪が降る。	*Il y a* des nuages. 雲が出ている。
Il fait chaud. 暑いです。	*Il* vente. 風が吹く。	*Il y a* du vent. 風がある。
Il fait froid. 寒いです。	*Il* tonne. 雷が鳴る。	*Il y a* du brouillard. 霧がかかっている。

(4) falloir—<il faut＋不定詞（名詞）>「～しなければならない（～が必要である）」

Il faut partir demain.
明日出発しなければならない。

Il faut trente minutes à pied pour aller à l'école.
学校へ行くのに徒歩で30分かかる。

(5) 意味上の主語を持つ構文
(a) <il est＋形容詞＋de＋不定詞>　形式上の主語は il ですが、意味上の主語は de＋不定詞です。

Il est important de lire les journaux.
新聞を読むことは重要である。

Il est interdit de stationner ici.
ここは駐車禁止です。

Il n'est pas nécessaire de présenter des documents.
書類を提出する必要はありません。

(b) arriver、rester など自動詞に多い構文ですが、形式上の主語が il で、意味上の主語が後におかれます。

Il arrive une chose étrange.（＝Une chose étrange arrive.）
不思議なことが起こる。

Il vient beaucoup de monde.（＝Beaucoup de monde vient.）
たくさんの人がやってくる。

32課　疑問代名詞

疑問代名詞には、性・数によって変化するものと、しないものがあります。

❶ 性・数によって変化しない疑問代名詞

「だれ？」「なに？」とたずねる場合の疑問代名詞は、対象が「人」か「物」・または文中の働きによって次のように分類されます。

働き＼対象	人		物	
主語	Qui Qui est-ce qui	誰が	~~　　　~~ Qu'est-ce qui	何が
直接目的補語	Qui Qui est-ce que	誰を	Que Qu'est-ce que	何を
属詞	Qui ~~　　　~~	誰	Que Qu'est-ce que	何
間接目的補語 状況補語	前置詞 + qui (à qui「誰に」など) 前置詞 + qui est-ce que (avec qui「誰と」など)		前置詞 + quoi (à quoi「何について」など) 前置詞 + quoi est-ce que (avec quoi「何でもって」など)	

➡ 単純形の qui、que の後では、主語と動詞を倒置しますが、est-ce qui、est-ce que を含む複合形の後では倒置しません。
➡ (1) の主語を除き、くだけた日常会話では、疑問詞を文頭ではなく文末に置くこともできます。ただし、(2) (3) の「物・事」では que なく、強勢形の quoi を用いる点に注意してください。

(1) 主語をたずねる場合―動詞の活用は3人称単数です。　　🔊2-051

　　Qui chante ?
　　Qui est-ce qui chante ?　　　　*Qu'est-ce qui* sonne ?
　　誰が歌っているの？　　　　　　　何が鳴っているの？
　　―C'est Béatrice.　　　　　　　　―C'est le téléphone.
　　―ベアトリスです。　　　　　　　―電話です。

(2) 直接目的補語をたずねる場合

Qui attendez-vous ?　　　　*Que* cherchez-vous ?
Qui est-ce que vous attendez ?　*Qu'est-ce que* vous cherchez ?
Vous attendez *qui* ?　　　　Vous cherchez *quoi* ?
誰を待っているの？　　　　　何を探しているの？
—J'attends mes clients.　　—Je cherche mes clés.
―お客さんです。　　　　　　―鍵を探しています。

➡次の表現では「何を」ではなく、「何が」となります。
　Qu'est-ce qu' il y a dans ce carton?　このダンボールの中には何があるのですか？

(3) 属詞をたずねる場合

Qui est cette dame ?　　　*Que* veut-il être ?
　　　　　　　　　　　　　Qu'est-ce qu' il veut être ?
Cette dame est *qui* ?　　　Il veut être *quoi* ?
あの婦人は誰ですか？　　　　彼は何になりたがってるの？
—C'est ma tante.　　　　　—Il veut être pilote.
―私の叔母です。　　　　　　―パイロットです。

(4) 間接目的補語・状況補語をたずねる場合

A qui parles-tu ?　　　　　*Avec quoi* joues-tu ?
A qui est-ce que tu parles ?　*Avec quoi est-ce que* tu joues ?
Tu parles *à qui* ?　　　　　Tu joues *avec quoi* ?
誰に話すの？　　　　　　　　何で遊んでいるの？
—Je parle à mon directeur.　—Je joue avec ma poupée.
―部長に話すよ。　　　　　　―人形で遊んでいるの。

❷ 性・数によって変化する疑問代名詞

「(2人、2つ・またはそれ以上) のうちの誰？、どれ？」とたずねる場合は、次のようになります。　🔊 2-052

男性単数	女性単数	男性複数	女性複数
lequel	laquelle	lesquels	lesquelles
[ルケール]	[ラケール]	[レケール]	[レケール]

➡基本となる形は＜定冠詞＋疑問形容詞＞ですが、前置詞 à、de と用いる場合女性単数形以外は縮約します。

à + lequel →	auquel	à laquelle	auxquels	auxquelles
de + lequel →	duquel	de laquelle	desquels	desquelles

(1) 主語をたずねる場合
　Lequel de vos fils va étudier à l'étranger ?
　息子さんのうちのどなたが留学するのですか？

(2) 直接目的補語をたずねる場合
　Il y a deux voitures. *Laquelle* essayez-vous ?
　2台の車があります。どちらを試乗してみますか？
　Parmi tous ses films, *lesquels* connais-tu ?
　彼の全作品（映画）のうち、どれらを知っているの？

(3) 間接目的補語・状況補語をたずねる場合
　Il y a beaucoup de syndicats, *auquel* adhérez-vous ?
　たくさんの組合がありますが、どれに加盟しますか？
　Parmi ces candidats, pour lequel votes-tu ?
　これらの立候補者のうち、誰に投票するの？
　Avec lesquelles de ses amies voyage-t-elle ?
　彼女は友達のうちの誰たちと旅行するのですか？

33課 代名動詞の直説法現在

代名動詞とは、主語と同じ「人」や「物」を表す再帰代名詞 se をともなう動詞のことをいいます。次の例文を見てください。

> Elle couche son fils.　　　〔他動詞：coucher〕
> 彼女は息子を寝かせる。
> Elle se couche.　　　〔代名動詞：se coucher〕
> 彼女は寝る。

上記の例文では、他動詞の直接目的補語は son fils ですが、代名動詞の直接目的補語は se「自分を」ですので、「彼女は自分を寝かせる→彼女は寝る」という意味になるのです。

➡再帰代名詞 se は、動詞の意味によって直接目的補語になる場合と、間接目的補語になる場合とがあります。

❶ 代名動詞の活用

🔊2-053

再帰代名詞は、主語の人称に応じて次のようになります。

se coucher 寝る [ス クッシェ]	s'appeler ～という [サプレ]　名前である
je me couche [ジュムクッシュ]	je m' appelle [ジュマペール]
tu te couches [テュトゥクッシュ]	tu t' appelles [テュタペール]
il se couche [イルスクッシュ]	il s' appelle [イルサペール]
nous nous couchons [ヌヌクッション]	nous nous appelons [ヌヌザプロン]
vous vous couchez [ヴヴクッシェ]	vous vous appelez [ヴヴザプレ]
ils se couchent [イルスクッシュ]	ils s' appellent [イルサペール]

〔否定形〕　　　il ne *se couche* pas　　　vous ne *vous couchez* pas
〔肯定倒置形〕*se couche*-t-il ?　　　　　*vous couchez*-vous ?
〔否定倒置形〕ne *se couche*-t-il pas?　　ne *vous couchez*-vous pas ?

> ➡再帰代名詞 se（代名動詞における補語人称代名詞）は、肯定命令文以外の場合は動詞の前に置きます。(p.175)
> ➡複合時制では再帰代名詞 se が直接目的補語の場合、過去分詞は直接目的補語（つまり主語）の性・数に一致しますが、se が間接目的補語の場合は過去分詞は不変です。(p.181)
> ➡不定詞として用いる場合でも、再帰代名詞 se は文意に応じて変化します。
> 　Nous allons *nous promener*.　　私たちは散歩に出かけます。

❷ 代名動詞の用法　　🔊2-054

代名動詞は、その用法から次の4つに分類されます。

(1) **再帰的代名動詞**—主語の動作が自分に帰ってくることを表します。
　　(a) se が直接目的補語の場合—「自分を」
　　　　Je *me lève* tôt.¹
　　　　私は早く起きる。
　　　　A quelle heure Christophe *se couche*-t-il ?
　　　　クリストフは何時に寝るのですか？
　　(b) se が間接目的補語の場合—「自分に」
　　　　Je *me rappelle* cet accident.²
　　　　私はあの事故を思い出す。
　　　　Elle ne *se brosse* pas les dents après le repas.
　　　　彼女は食後に歯を磨かない。

1 ➡ me が直接目的補語なので、「自分を起こす→起きる」という自動詞的な意味になります。
2 ➡ me が間接目的補語で、cet accident が直接目的補語になるので、「自分にあの事故を思い出させる→事故を思い出す」という意味になります。

(2) **相互的代名動詞**—主語は複数（on も含む）で、相互に行為をし合うことを表します。
　　(a) se が直接目的補語の場合—「互いを」
　　　　Nous *nous aimons*.¹
　　　　私たちは愛し合っている。
　　　　Ils *se regardent* l'un l'autre.
　　　　彼らは互いに見つめ合う。

(b) se が間接目的補語の場合―「互いに」

Ils *s'écrivent* l'un à l'autre
彼らは互いに文通し合う。

On ne *se téléphone* plus comme auparavent.[2]
私たちはもう以前のように電話をかけ合わない。

1 ➡ Benoît aime Emilie et Emilie aime Benoît. → Ils s'aiment.
2 ➡ Benoît téléphone à Emilie et Emilie téléphone à Benoît. → Ils se téléphonent.
➡ l'un l'autre「お互いに」は、相互的代名動詞を強調する副詞句です。

(3) 受動的代名動詞―主語は「物・事（3人称）」で、「～される」という受け身を表します。se は直接目的補語として扱われます。

Le vin français *se vend* bien.
フランスワインはよく売れる。

Cette expression ne *s'emploie* guère.
この表現はほとんど使わない。

(4) 本質的代名動詞―2つのタイプがあり、se は直接目的補語として扱われます。

代名動詞としてしか用いられないもの	s'enfuir	逃げ出す	se fier à	を信用する
	s'envoler	飛び去る	se moquer de	をばかにする
	se démener	暴れ回る	se souvenir de	を思い出す
本来の動詞と代名動詞では意味が異なるもの	rendre	返す →	se rendre à	に赴く
	plaindre	同情する →	se plaindre de	について嘆く

Vous souvenez*-vous de votre jeunesse ?
若い頃のことを思い出しますか？

Tu *te plains* de quoi ?
君は何が不満なの？

34課　命令法

相手に対して、命令や依頼をする場合の命令法について見ていきましょう。

(1) フランス語の命令文は、直説法現在の活用から主語（tu、nous、vous）を除いて作ります。　　　　　　　🔊2-055

chanter 肯定命令形	chanter 否定命令形
tu chantes → Chante ! [1] 　　　　　　　歌いなさい（歌って）	Ne chante pas ! [2]
nous chantons → Chantons ! 　　　　　　　歌いましょう	Ne chantons pas !
vous chantez → Chantez ! 　　　　　　　歌ってください	Ne chantez pas !

Prends un médicament !
薬を飲みなさい。

Dansons ensemble !
一緒に踊りましょう。

Fermez la porte, s'il vous plaît ! [3]
どうぞ、ドアを閉めてください。

Ne buvez plus d'alcool !
もうアルコールを飲んではいけません。

N'entre pas dans ma chambre!
私の部屋に入らないで。

1 ➡ −er 動詞（aller も含む）や同じ活用をする ouvrir 型は、2 人称単数の語尾−s を省きます。
2 ➡ 否定命令形は、動詞を ne〜pas ではさんで作ります。
3 ➡ 英語の please に当たるのが、s'il vous plaît、s'il te plaît です。

(2) être、avoir、savoir、vouloirは、特殊な命令形をしています。

être	avoir	savoir	vouloir
Sois [ソワ]	Aie [エ]	Sache [サッシュ]	Veuille [ヴゥィユ]
Soyons [ソワィヨン]	Ayons [エィヨン]	Sachons [サッション]	Veuillons [ヴゥィヨン]
Soyez [ソワィエ]	Ayez [エィエ]	Sachez [サッシェ]	Veuillez [ヴゥィエ]

Sois tranquille!
落ちつけ。

Théo, *sois* sage !
テオ、おとなしくしなさい。

Aie un peu de patience !
少し我慢しろ。

N'ayez pas peur !
怖がることはありません。

Veuillez sortir immédiatement !
どうかすぐに出て行ってください。

(3) 代名動詞の肯定命令文では、再帰代名詞を動詞の後に置き、その間をトレ・デュニヨンで結びます。

se dépêcher 肯定命令形		se dépêcher 否定命令形
Dépêche-toi ![1]	急ぎなさい (急いで)	Ne te dépêche pas ![2]
Dépêchons-nous !	急ぎましょう	Ne nous dépêchons pas !
Dépêchez-vous !	急いでください	Ne vous dépêchez pas !

Lave-toi les mains avant de manger !
食べる前に手を洗いなさい。

Amusez-vous bien !
楽しんでらっしゃい。

Ne vous‿inquiétez pas!
ご心配いりません。

Ne vous garez pas là-bas !
あそこに駐車してはいけません。

1 ➡ 肯定命令形では、te は強勢形の toi になります。
2 ➡ 否定命令形では、再帰代名詞を動詞の前に置きます。
　➡ これらの命令法以外にも、単純未来や接続法を用いた命令表現もあります。(p.224、243)

35課　直説法複合過去

　この課では、いくつかある過去時制の中でも、会話において最も頻繁に用いられる直説法複合過去（複合過去）について取り上げることにします。この複合過去は、広く言えば「〜した」という過去の一時的な行為を表す時制ですが、まずは、この複合過去を作るのに必要な、主な動詞の過去分詞から見ていくことにしましょう。

❶ 過去分詞の形

　過去分詞を語尾の特徴で分類すると、−é、−i、−s、−t、−u の 5 つに分かれます。いくつか例外もありますが、これを不定詞ごとにまとめると次のようになります。

> − er 動詞の全部が − é
> − ir 動詞の大部分が − i（一部が − t、− u）
> − oir 動詞の大部分が − u
> − re 動詞は − i、− s、− t、− u

語尾	過去分詞		
− é	être	→ été	[エテ]
	donner	→ donné	[ドネ]
	jouer	→ joué	[ジュエ]
	répéter	→ répété	[レペテ]
	payer	→ payé	[ペィエ]
− i	finir	→ fini	[フィニ]
	partir	→ parti	[パフティ]
	choisir	→ choisi	[ショワズィ]
− s	prendre	→ pris	[プリ]
	mettre	→ mis	[ミ]

177

語尾		過去分詞	
-t	dire	→ dit	[ディ]
	faire	→ fait	[フェ]
	écrire	→ écrit	[エクリ]
	conduire	→ conduit	[コンデュイ]
	éteindre	→ éteint	[エッタン]
	ouvrir	→ ouvert	[ウヴェール]
	mourir	→ mort	[モール]
-u	avoir	→ eu	[ユ]
	voir	→ vu	[ヴュ]
	savoir	→ su	[スュ]
	devoir	→ dû	[デュ]
	pouvoir	→ pu	[ピュ]
	vouloir	→ voulu	[ヴリュ]
	falloir	→ fallu	[ファリュ]
	pleuvoir	→ plu	[プリュ]
	plaire	→ plu	[プリュ]
	vivre	→ vécu	[ヴェキュ]
	lire	→ lu	[リュ]
	boire	→ bu	[ビュ]
	croire	→ cru	[クリュ]
	connaître	→ connu	[コニュ]
	attendre	→ attendu	[アットンデュ]
	venir	→ venu	[ヴニュ]
	courir	→ couru	[クーリュ]

❷ 活用

助動詞に avoir と être のどちらを取るかは、動詞によって決まっています。

> 助動詞（**avoir**、**être**）の直説法現在＋過去分詞

(1) 助動詞に avoir を取る場合──全部の他動詞と大部分の自動詞。

🔊 2-056

manger	aimer
j' ai mangé [ジェモンジェ]	j' ai aimé [ジェエメ]
tu as mangé [テュアモンジェ]	tu as aimé [テュアエメ]
il a mangé [イラモンジェ]	il a aimé [イラエメ]
nous avons mangé [ヌザヴォンモンジェ]	nous avons aimé [ヌザヴォンエメ]
vous avez mangé [ヴザヴェモンジェ]	vous avez aimé [ヴザヴェエメ]
ils ont mangé [イルゾンモンジェ]	ils ont aimé [イルゾンテメ]

〔否定形〕　　　il n'*a* pas ⌣ *aimé*　　　vous n'*avez* pas ⌣ *aimé*
〔肯定倒置形〕　*a*-t-il *aimé* ?　　　　　*avez*-vous *aimé* ?
〔否定倒置形〕　n'*a*-t-il pas ⌣ *aimé* ?　n'*avez*-vous pas ⌣ *aimé* ?

➡ リエゾンですが、くだけた会話では少なくなる傾向があります。

(2) 助動詞に être を取る場合――一部の自動詞のみですが、この場合、過去分詞は主語の性・数に一致します。

venir		aller	
je suis [ジュスュイヴニュ]	venu(e)	je suis [ジュスュイザレ]	allé(e)
tu es [テュエヴニュ]	venu(e)	tu es [テュエザレ]	allé(e)
il est [イレヴニュ]	venu	il est [イレタレ]	allé
elle est [エレヴニュ]	venue	elle est [エレタレ]	allée
nous sommes [ヌッソムヴニュ]	venu(e)s	nous sommes [ヌッソムザレ]	allé(e)s
vous êtes [ヴゼットゥヴニュ]	venu(e)(s)	vous êtes [ヴゼットゥザレ]	allé(e)(s)
ils sont [イルソンヴニュ]	venus	ils sont [イルソンタレ]	allés
elles sont [エレソンヴニュ]	venues	elles sont [エレソンタレ]	allées

〔否定形〕　　　vous n'*êtes* pas *venu(e)(s)*　　elles ne *sont* pas *venues*
〔肯定倒置形〕 *êtes*-vous *venu(e)(s)*?　　　　 *sont*-elles *venues* ?
〔否定倒置形〕 n'*êtes*-vous pas *venu(e)(s)*?　 ne *sont*-elles pas *venues* ?

助動詞に être をとるのは主に場所の移動を表す 20 語ほどの自動詞ですが、使用頻度が高いものばかりですので、覚えておきましょう。

aller	行く	**venir**	来る
arriver	到着する	**partir**	出発する
entrer	入る	**sortir**	外出する
monter	登る	**descendre**	降りる
naître	生まれる	**mourir**	死ぬ
rester	とどまる	**tomber**	転ぶ
passer	通る	**rentrer**	帰る
retourner	戻る（再び行く）	**revenir**	戻る（再び来る）

➡ ただし、これら一部の自動詞には他動詞として働くものがあり、その場合は助動詞に avoir を取ります。

entrer	を入れる	sortir	を外へ出す	rentrer	中にしまう
monter	を登る	descendre	を降りる	retourner	を裏返す

Il *est entré* dans le garage. 〔自〕彼は車庫に入った。
Il *a entré* la voiture dans le garage. 〔他〕彼は車庫に車を入れた。

(3) 助動詞に être を取る場合——全部の代名動詞ですが、再帰代名詞 se が直接目的補語の場合、過去分詞はその直接目的補語(つまり主語)の性・数に一致します。

se doucher	s'endormir
je me suis douché(e) [ジュムスュイドゥッシェ]	je me suis endormi(e) [ジュムスュイゾンドフミ]
tu t' es douché(e) [テュテドゥッシェ]	tu t' es endormi(e) [テュテオンドフミ]
il s' est douché [イルセドゥッシェ]	il s' est endormi [イルセトンドフミ]
elle s' est douchée [エルセドゥッシェ]	elle s' est endormie [エルセトンドフミ]
nous nous sommes douché(e)s [ヌソムドゥッシェ]	nous nous sommes endormi(e)s [ヌソムゾンドフミ]
vous vous êtes douché(e)(s) [ヴゼットゥドゥッシェ]	vous vous êtes endormi(e)(s) [ヴゼットゥゾンドフミ]
ils se sont douchés [イルソンドゥッシェ]	ils se sont endormis [イルソントンドフミ]
elles se sont douchées [エルソンドゥッシェ]	elles se sont endormies [エルソントンドフミ]

〔否定形〕   tu ne *t'es* pas *douché(e)*   vous ne vous êtes pas *douché(e)(s)*
〔肯定倒置形〕 *t'es*-tu *douché(e)*?   vous êtes-vous *douché(e)(s)*?
〔否定倒置形〕 ne *t'es*-tu pas *douché(e)*?   ne vous êtes-vous pas *douché(e)(s)*?

➡ 再帰代名詞 se が間接目的補語の場合、過去分詞は不変です。(p.262)
  Elle s'est lavée.   〔se が直・目〕彼女は体を洗った。
  Elle s'est lavé les mains. 〔se が間・目〕彼女は手を洗った。

❸ 用法 🔊2-057

複合過去は過去だけでなく、英語の現在完了に相当する用法も持っています。

(1) 過去の一時的な行為・事柄を表します。―「～した」

J'*ai retiré* de l'argent il y a une semaine.
1週間前にお金をおろした。

Elle *est montée* au sommet du mont Blanc l'année dernière.
彼女は去年モンブランに登った。

Ce matin, nous *nous sommes promenés* dans le parc.
今朝、私たちは公園を散歩した。

➡ il y a「～前に」(p.227)

(2) 現在において完了した行為を表します。―「～してしまった」

Avez-vous déjà *pris* le petit déjeuner ?
もう朝食はお取りになりましたか？

現在までに経験した行為を表します。―「～したことがある」

Tu n'*as* jamais *embrassé* la fille ?
君は一度も女の子にキスしたことがないの？

➡ ただし、現在まで継続している行為「(ずっと)～している」を表す場合は、直説法現在を用います。(p.229)

　　Je *vis* à Bruxelles depuis cinq ans.　5年前からブリュッセルで暮らしている。

➡ 複合時制での副詞の位置は、一般に過去分詞の前に置かれますが、場所や一部の時の副詞は過去分詞の後に置かれます。

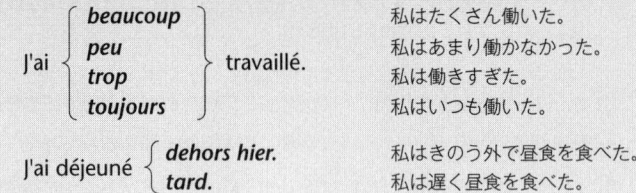

J'ai { *beaucoup* / *peu* / *trop* / *toujours* } travaillé.
私はたくさん働いた。
私はあまり働かなかった。
私は働きすぎた。
私はいつも働いた。

J'ai déjeuné { *dehors hier.* / *tard.* }
私はきのう外で昼食を食べた。
私は遅く昼食を食べた。

36課　補語人称代名詞

　人称代名詞については既に 11 課と 28 課で学びましたが、この課では、動詞の補語となる補語人称代名詞（英語の me、you、him、her などに相当）について取り上げることにします。このうち、直接目的補語の 3 人称は「人」だけでなく「物」も対象とします。

主語人称代名詞		補語人称代名詞			
主語		直接目的補語		間接目的補語	
je (j')	私は	me (m')	私を	me (m')	私に
tu	君は	te (t')	君を	te (t')	君に
il	彼は それは	le (l')	彼を それを	lui	彼に 彼女に
elle	彼女は それは	la (l')	彼女を それを		
nous	私たちは	nous	私たちを	nous	私たちに
vous	あなた(方)は 君たちは	vous	あなた(方)を 君たちを	vous	あなた(方)に 君たちに
ils	彼らは それらは	les	彼らを 彼女らを それらを	leur	彼らに 彼女らに
elles	彼女らは それらは				

❶ 用法

🔊 2-058

　補語人称代名詞は、再帰代名詞 se（代名動詞における補語人称代名詞）と同様に、肯定命令文以外の場合は動詞の前に置きます。

Il donne cette poupée à sa fille.	彼はこの人形を娘にあげる。
→ Il *la* donne à sa fille.	彼はそれを娘にあげる。
→ Il *lui* donne cette poupée.	彼は彼女にこの人形をあげる。

(1) 直接目的補語の場合

  Tu regardes le match ? 試合を見ているの？
  —Oui, je *le* regarde. —うん、それを見ている。
  —Non, je ne *le* regarde pas. —いや、（それを）見ていないよ。

  Tu gardes cette revue ? この雑誌をとっておく？
  —Oui, je *la* garde. —うん、（それを）とっておくよ。

  Tu attends tes collègues ? 同僚たちを待っているの？
  —Oui, je *les*‿attends. —うん、彼らを待ってるんだ。

  Il *te* respecte. 彼は君を尊敬している。
  Il *nous* cherche. 彼は私たちを探している。
  Il *vous*‿invite souvent ? 彼はあなた（方）をよく招待するのですか？

➡ 次のような動詞（aimer、adorer、détester）では、直接目的補語が「〔総称する〕物」の場合、指示代名詞 ça を用います。(p.202)

  J'aime Céline. → Je *l'* aime. 彼女（セリーヌ）が好きです。
  J'aime son tableau. → Je *l'* aime. それ（彼・彼女の絵）が好きです。
  J'aime le vin. → J'aime *ça*. それ（ワイン）が好きです。

(2) 間接目的補語の場合

  Vous‿écrivez à votre cousin(e)? あなたは従兄弟（従姉妹）に手紙を書きますか？

  —Oui, je *lui* écris parfois. —はい、彼（彼女）に時々書きます。
  —Non, je ne *lui* écris jamais. —いいえ、彼（彼女）に全く書きません。

  Vous téléphonez à vos‿ami(e)s ? あなたは友達たちに電話しますか？
  —Oui, je *leur* téléphone très souvent. —ええ、彼（彼女）らにしょっちゅう電話します。

Elle *t'* explique tout.　　　彼女は君に全て説明する。
Elle *nous* cache la vérité ?　　彼女は私たちに真実を隠しているの？
Elle *vous* raconte ses voyages.　彼女は君たちに旅の話をする。

➡間接目的をとる動詞には次のようなものがあります。

parler à	に話しかける	raconter à	に語る	donner à	に与える
dire à	に言う	demander à	依頼する	offrir à	に贈る

➡次の例文を比較してみましょう。代名詞は、常に主語と同じ再帰代名詞 se をともないます。
　Je *me* regarde dans le miroir.　　私は鏡に自分の姿を映して見る。
　Il *me* regarde par la fenêtre.　　彼は窓から私を見る。
　Il *me* parle par la fenêtre.　　彼は窓から私に話しかける。

❷ その他の文での位置　　🔊2-059

次のような場合での、補語人称代名詞の位置について見ていきましょう。

(1) 複合時制の場合—助動詞の前に置きます。

Avez-vous acheté le journal ?
あなたは新聞を買ったのですか？

—Oui, je *l'*ai acheté.
—はい、（それを）買いました。

—Non, je ne *l'*ai pas acheté.
—いいえ、（それを）買いませんでした。

Ils‿ont dit bonjour à Béatrice ?
彼らはベアトリスに挨拶しましたか？

—Oui, ils *lui* ont dit bonjour.
—はい、（彼女に）挨拶しました。

—Non, ils ne *lui* ont pas dit bonjour.
—いいえ、（彼女に）挨拶しませんでした。

➡複合時制では、過去分詞は先行する直接目的補語の性・数に一致します。間接目的補語では、過去分詞は不変です。(p.262)
　J'ai lu ce roman.　　→　Je *l'* ai lu.
　J'ai écouté la radio.　　→　Je *l'* ai écouté*e*.
　J'ai vu mes voisin(e)s.　→　Je *les*‿ai vu*(e)s*.

185

(2) ＜動詞＋不定詞＞の場合―不定詞の前に置きます。これは、補語人称代名詞が不定詞の補語になるからです。

Est-ce qu'elle va voir la mer ?
彼女は海を見に行くのですか？
―Oui, elle va *la* voir.
―はい、(それを)見に行きます。
―Non, elle ne va pas *la* voir.
―いいえ、(それを)見に行きません。

Est-ce que je peux téléphoner à mes parents ?
両親に電話していいですか？
―Oui, vous pouvez *leur* téléphoner.
―ええ、(彼らに)電話していいですよ。
―Non, vous ne pouvez pas *leur* téléphoner.
―いいえ、(彼らに)電話してはいけません。

> ➡不定詞が重なる場合も、補語となっている不定詞の前に置きます。
>   Elle doit partir chercher ses enfants. → Elle doit partir *les* chercher.
> ➡複合時制の場合も、不定詞の前に置きます。
>   Elle a voulu inviter ses camarades. → Elle a voulu *les* inviter.
>   ~~Elle *les* a voulus inviter.~~
> ➡感覚動詞・使役動詞の場合については。(p.266)

(3) 命令文の場合―肯定命令文では、補語人称代名詞を動詞の後に置き、その間をトレ・デュニヨンで結びます。

肯定命令形		否定命令形
Range ta chambre ! 部屋を片付けなさい。	→ Range-*la* ! それを片付けなさい。	Ne la range pas !
Téléphone à Marc ! マルクに電話しなさい。	→ Téléphone-*lui* ! 彼に電話しなさい。	Ne *lui* téléphone pas !

Prête-*leur* ce jouet !
彼らにそのオモチャを貸してあげなさい。

Ne *me* dérangez pas !
(私を) 邪魔しないでください。

Donnez-*moi* votre numéro ![1]
(私に) あなたの番号を教えてください。

Attends-*moi* un petit peu dans le couloir ![1]
(私を) ちょっと廊下で待ってて。

1 ➡ 肯定命令形では、me は強勢形の moi になります。
　➡ 否定命令形では、補語人称代名詞を動詞の前に置きます。

37課　中性代名詞

補語人称代名詞は受ける対象の性・数によって変化しますが、中性代名詞は受ける対象の性・数に関係なく変化しません。この中性代名詞のうち、y、enは副詞としても用いられます。

中性代名詞		
y 代：それに（で） 副：そこに（で）	en 代：そのことを（で） 　　それを（の） 副：そこから	le 代：そう（である） 　　そのこと（を）

❶ 用法

🔊 2-060

中性代名詞は、肯定命令文以外の場合は動詞の前に置きます。

（1）y —主に、前置詞àを含む語句を受けます。
（a）＜à＋名詞「物・事」＞を受ける場合

　　Vous croyez à son histoire ?　　彼の話を信じているのですか？
　　—Oui, j'*y* crois.　　　　　　　—ええ、（それを）信じています。
　　—Non, je n'*y* crois pas du tout.　—いいえ、全く信じていません。

　　Ils participent à ce projet ?　　彼らはこの計画に参加するのですか？
　　—Non, ils n'*y* participent pas.　—いいえ、参加しません。

➡ これにあてはまる動詞には次のようなものがあります。代名動詞については。(p.194)

penser à	のことを考える	renoncer à	を諦める	s'intéresser à	に関心がある
tenir à	に執着する	résister à	に抵抗する	s'habituer à	に慣れる

➡ 受ける名詞が「人」の場合は、通常通り補語人称代名詞の間接目的補語を用います。
　　Je réponds à cette lettre.　→　J'*y* réponds.
　　Je réponds à Nathalie.　　→　Je *lui* réponds.

➡ ただし penser à、songer à、s'intéresser à などの動詞で、受ける名詞が「人」の場合、ふつう強勢形を用います。
　　Je pense à mon avenir.　→　J'*y* pense.
　　Je pense à Nathalie.　　→　Je pense *à elle*.

(b) ＜à、en、sur、dans、chez など＋名詞「場所」＞を受ける場合（副詞的代名詞）
　　Allez-vous à Montpellier ?
　　モンペリエに行かれるのですか？
　　—Oui, j'*y* vais.
　　—はい、（そこに）行きます。

　　Fanny est encore dans sa chambre ?
　　ファニーはまだ部屋にいるの？
　　—Non, elle n'*y* est plus.
　　—いや、もういないよ。

(2) en—主に、前置詞 de を含む語句を受けます。
(a) ＜de＋名詞「物・事」＞を受ける場合
　　Vous avez besoin de ce document ?
　　あなたはこの書類が必要ですか？
　　—Oui, j'*en* ai besoin.
　　—ええ、（それが）必要です。
　　—Non, je n'*en* ai pas besoin.
　　—いいえ、要りません。

　　Ton frère est fier de sa réussite ?
　　君のお兄さんは成功を自慢するの？
　　—Non, il n'*en* est pas fier.
　　—いや、しないよ。

➡ これにあてはまる動詞（句）や形容詞には次のようなものがあります。代名動詞については、(P.194)

parler de	について話す	se souvenir de	を覚えている
rêver de	を夢見る	s'occuper de	の世話をする
avoir peur de	を恐れる	être content de	に満足している
avoir envie de	が欲しい	être heureux de	をうれしく思う

➡ 受ける名詞が「人」の場合、ふつう強勢形を用います。
　　Elle parle de son travail.　→　Elle *en* parle.
　　Elle parle de ses parents.　→　Elle parle *d'eux*.

(b) ＜不定冠詞 des・部分冠詞 du、de la・否定の de＋名詞＞を受ける場合

Avez-vous des‿amis français ?
フランス人の友達はいますか？

—Non, je n'*en*‿ai pas.
—いいえ、いません。

Tu ajoutes du sel ?
塩を加える？

—Oui, j'*en*‿ajoute un peu.
—うん、ちょっと加えるよ。

(c) ＜数詞・数量副詞＋名詞＞を受ける場合

Est-ce qu'elle a six‿enfants ?
彼女は６人子供がいるのですか？

—Oui, elle *en*‿a six.
—はい、６人います。

Est-ce qu'ils lisent beaucoup de livres ?
彼らはたくさん本を読みますか？

—Non, ils n'*en* lisent pas beaucoup.
—いや、あまり読みません。

➡数詞や数量副詞は動詞の後に置きます。

(d) ＜de＋名詞「場所」＞を受ける場合（副詞的代名詞）

Tu viens de Genève ?　　　　ジュネーヴからきたの？
—Oui, j'*en* viens.　　　　—うん、（そこから）来たんだ。

(3) le—意味内容を受けます。

(a) 属詞を受ける場合

Tu es heureuse ?　　　　君は幸せ？
—Oui, je *le* suis.　　　—ええ、幸せよ。

(b) 節・不定詞を受ける場合

 Savez-vous qu'elle est mariée ? 彼女が結婚しているのをご存知ですか？

 —Oui, je *le* sais. —はい、知っています。

❷ その他の文での位置　🔊2-061

次のような場合での、中性代名詞の位置について見ていきましょう。

(1) 複合時制の場合―助動詞の前に置きますが、過去分詞は不変です。

 Avez-vous déjà renoncé au mariage ?
 もう結婚は諦めたのですか？

 —Oui, j'*y* ai déjà renoncé.
 —はい、もう諦めました。

 —Non, je n'*y* ai pas encore renoncé.
 —いいえ、まだ諦めていません。

 Tu as mangé une pomme ?
 リンゴ1個食べたの？

 —Oui, j'*en* ai mangé une.
 —うん、1個食べたよ。

 —Non, je n'*en* ai pas mangé.
 —いや、食べなかったよ。

(2) ＜動詞＋不定詞＞の場合―不定詞の前に置きます。

 Est-ce qu'elle va aller en France pour Noël comme d'habitude ?
 彼女はいつものようにクリスマスはフランスへ行くのですか？

 —Oui, elle va *y* aller.
 —ええ、行きます。

 —Non, elle ne va pas *y* aller cette année.
 —いや、今年は行きません。

Est-ce que vous voulez goûter du fromage ?
チーズを試食してみませんか？

—Oui, je veux *en* goûter.
—はい、試食してみたいです。

—Non, je ne veux pas *en* goûter.
—いいえ、試食したくありません。

(3) 命令文の場合―肯定命令文では、中性代名詞を動詞の後に置き、その間をトレ・デュニヨンで結びます。

肯定命令形		否定命令形
Mange de la soupe ! スープを飲みなさい。	→ Manges-*en* ![1] それを飲みなさい。	N'*en* mange pas !
Va à la plage ! 海岸へ行きなさい。	→ Vas-*y* ![1] そこへ行きなさい。	N'*y* va pas !

1 ➡ -er 動詞（ouvrir 型も含む）では、2 人称単数の語尾-s を省きますが、中性代名詞 y、en を動詞の後に置く場合は-s を加えてリエゾンします。(P.174)
➡否定命令形では、中性代名詞 y、en を動詞の前に置きます。

38課 補語人称代名詞と中性代名詞の語順

この課では、これら代名詞を併用する場合の語順について、まとめて見ていくことにしましょう。

❶ 肯定命令文以外の語順

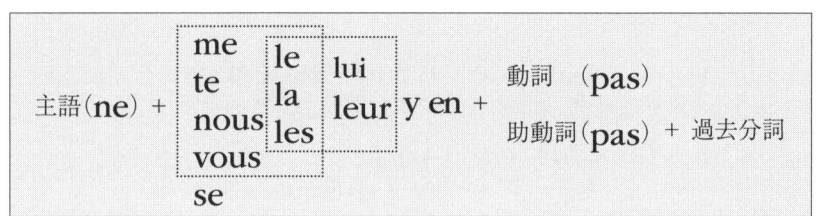

(◀2-062)

(1) 補語人称代名詞を併用する場合（点線内）—直接目的補語の3人称（le、la、les）は、他の間接目的補語と併用することができます。

Tu me prêtes ton vélo ?
（私に）君の自転車を貸してくれる？

—Oui, je *te le* prête.
—うん、（君にそれを）貸してあげるよ。

—Non, je ne *te le* prête pas.
—いや、（君にそれを）貸してあげない。

Tu présentes Sophie à tes parents ?
ソフィーを両親に紹介するの？

—Oui, je *la leur* présente.
—うん、（彼女を彼らに）紹介する。

➡ ただし、直接目的補語の1・2人称（me、te、nous、vous）は、他の間接目的補語と併用することができないので、間接目的補語を<à+強勢形>にします。
　Je *vous la* présente.　　〔間・目＋直・目〕　あなたに彼女を紹介する。
　Je *vous* présente *à elle*.　〔直・目＋à強勢形〕　あなたを彼女に紹介する。

193

(2) 中性代名詞を併用する場合—y、en の語順になります。

Il y a encore du lait dans le frigo?
冷蔵庫にまだ牛乳ある？
—Oui, il *y en* a.
—うん、あるよ。
—Non, il n'*y en* a plus.
—いや、もうないよ。

(3) 補語人称代名詞と中性代名詞を併用する場合—中性代名詞 y、en は、補語人称代名詞の後に置きます。

Elle vous a parlé de l'avenir des enfants ?
彼女は（あなた方に）子供たちの将来について話したのですか？
—Oui, elle *nous en* a parlé.
—はい、彼女は（私たちに）そのことを語りました。

Avez-vous offert un cadeau à votre femme ?
あなたはプレゼントを奥さんに贈ったのですか？
—Oui, je *lui en* ai offert un.
—はい、（彼女に）それを1つ贈りました。

Il a vu Alice à Paris ?
彼はパリでアリスに会ったの？
—Non, il ne *l'y* a pas vue.
—いや、会わなかったよ。

➡再帰代名詞 se（代名動詞における補語人称代名詞）と中性代名詞の語順は、次のようになります。
Il s'intéresse à la politique. → Il *s'y* intéresse.
Elle s'est habituée à son nouveau travail. → Elle *s'y* est habituée.
On va s'occuper de la gestion. → On va *s'en* occuper.

❷ 肯定命令文の語順

　下記は肯定命令文の語順ですが、文意によっては代名詞の位置が異なる場合もありますので、あくまでも代名詞を併用する場合の目安として、参照してください。否定命令文の語順は平叙文での併用と同じですが、動詞は命令形になります。

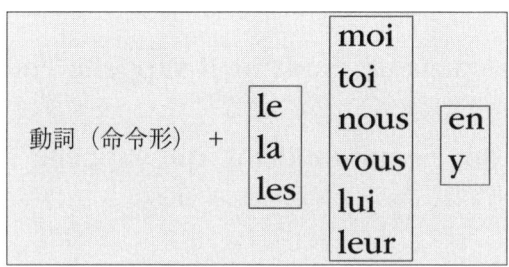

🔊 2-063

	肯定命令形		否定命令形
Montre-moi cette photo ! 私にその写真を見せて。	→	Montre-la-moi ! それを(私に)見せて。	Ne me la montre pas !
Dis-lui le problème ! 彼(彼女)にその問題を言いなさい。	→	Dis-le-lui ! それを(彼・彼女に)言いなさい。	Ne le lui dis pas !
Apportez-nous de l'eau ! 私たちにお水を持ってきてください。	→	Apportez-nous‿en ! (私たちに)それを持ってきてください。	Ne nous‿en‿apportez pas !
Donnez-moi des chocolats ! 私にチョコレートをください。	→	Donnez-m'en ![1] それを(私に)ください。	Ne m'en donnez pas !
Occupe-toi de la réservation ! 予約をしなさい。〔代名動詞〕	→	Occupe-t'en ![1] それをしなさい。	Ne t'en‿occupe pas !
Intéressez-vous à vos cours ! 授業に興味を持ってください。〔代名動詞〕	→	Intéressez-vous‿y ![2] それに興味を持ってください。	Ne vous‿y interessez pas !

1 ➡ moi、toi の後に中性代名詞 en がくると、m'en、t'en になります。
2 ➡ m'y、t'y の形は通常避けられます。また次のような場合は、y の位置が異なります。
　Accompagnez-moi à la gare !　→　Accompagnez-*y moi* !

> 39課からは、リエゾンを示す印（‿）を付けていませんので、わからない場合は、5課を参照してください。

39課 関係代名詞

❶ 関係代名詞

🔊 2-064

関係代名詞は文と文を結ぶ役割があります。次の例文を見てください。

> Je connais un étudiant. Il s'appelle Thomas.
> 私はある学生を知っている。彼はトマという名前です。
> → Je connais un étudiant qui s'appelle Thomas.
> 私はトマという名前の学生を知っています。

　上記の例文では、関係代名詞 qui が主語 Il の代わりをし、先行詞である un étudiant に結びついています。このように、関係代名詞は先行詞（先行する名詞・代名詞）と関係節（関係代名詞に導かれる節）を結びつける接着剤になるのですが、先行詞が関係節において、どのような働きをするかによって用いる関係代名詞が異なります。

形	qui	que	dont	où
働き	主語	直接目的補語	前置詞 de を含む	状況補語
先行詞	人・物	人・物	人・物	時・場所

(1) qui ― 先行詞「人・物」が、関係節の主語となる場合。

　　Un garçon marche là-bas. Ce garçon porte un chapeau.
　→ Le garçon *qui* marche là-bas porte un chapeau.
　　あそこを歩いている少年は帽子をかぶっている。

　　Un studio se trouve au centre-ville. Ce studio est maintenant vide.
　→ Le studio *qui* se trouve au centre-ville est maintenant vide.
　　町の中心にあるステュディオは今空いています。

(2) que ― 先行詞「人・物」が、関係節の直接目的補語となる場合。

> C'est un sommelier. Les clients apprécient ce sommelier.
> → C'est un sommelier *que* les clients apprécient.
> お客さんたちが高く評価しているソムリエです。
>
> C'est un film. Mon oncle a réalisé ce film.
> → C'est un film *que* mon oncle a réalisé.
> それは私の伯父が製作した映画です。

➡次の例文を比較してみましょう。
> C'est la fille de M.Duval. Je la connais bien.
> ~~C'est la fille de M.Duval que je la connais bien.~~
> C'est la fille de M.Duval *que* je connais bien.
> 私がよく知っているデュヴァル氏の娘です。

➡複合時制では、過去分詞は先行する直接目的補語の性・数に一致します。(P.262)
> Montrez-moi la voiture que vous avez achet*ée* la semaine dernière.
> あなたが先週買った車を見せてください。

(3) dont ― 先行詞「人・物」と関係節が、節中の動詞（句）・形容詞・名詞が要求する前置詞 de（dont に含まれる）を介して結びつく場合。

> Voilà une dame. Je vous ai parlé de cette dame tout à l'heure.
> → Voilà la dame *dont* je vous ai parlé tout à l'heure.
> あれがさっきあなたに話した婦人です。
>
> Ma femme a envie d'une bague. Cette bague coûte cher.
> → La bague *dont* ma femme a envie coûte cher.
> 妻が欲しい指輪は値段が高いんだよ。
>
> C'est une musique africaine. Il est fou de la musique africaine.
> → C'est une musique africaine *dont* il est fou.
> それは彼が夢中のアフリカ音楽です。
>
> Je te présente mon ami. Les parents de mon ami sont professeurs.
> → Je te présente mon ami *dont* les parents sont professeurs.
> 両親が先生をしている友達を君に紹介するよ。

➡強調構文や ce qui、ce que、ce dont については。(P.201、202)

(4) où ― 先行詞「時・場所」が、関係節の状況補語となる場合。

Nous avons joué ensemble un jour férié. Tu te souviens de ce jour férié ?
→ Tu te souviens du jour férié *où* nous avons joué ensemble ?
君は一緒に遊んだ祭日のことを覚えている？

Je mange dans la cuisine. La cuisine n'est pas ensoleillée.
→ La cuisine *où* je mange n'est pas ensoleillée.
私が食事をする台所は日当たりがよくない。

➡次の例文を比較してみましょう。
Elle adore Bordeaux. Elle y a habité pendant cinq ans.
~~Elle adore Bordeaux où elle y a habité pendant cinq ans.~~
Elle adore Bordeaux *où* elle a habité pendant cinq ans.
彼女は5年間住んだボルドーが大好きです。
➡節の主語が名詞の場合、主語と動詞を倒置することもあります。
Vous connaissez la salle où *se passe la cérémonie* ?
式が行われる会場をご存知ですか？
➡「(場所)から」を意味する前置詞 de は、où, dont に含まれないので、d'où を用います。
C'est le restaurant *d'où* il est sorti avec sa famille hier.
それは彼が昨日家族と一緒に出てきたレストランだよ。

❷ 前置詞＋関係代名詞

次は、先行詞と関係節が前置詞を介して結びつく場合について、見ていくことにしましょう。

形	前置詞＋qui	前置詞＋lequel、laquelle、lesquels、lesquelles
先行詞	人	物（人）

➡疑問代名詞 lequel... などは、関係代名詞としても用いられます。(P.170)

(1) ＜前置詞＋qui＞―先行詞「人」　　　🔊 2-065

Je connais l'étudiant. Estelle parle à l'étudiant.
→Je connais l'étudiant *à qui* Estelle parle.
（＝Je connais l'étudiant à lequel Estelle parle.）
私はエステルが話しかけている学生を知っている。

C'est une chanteuse. J'ai beaucoup d'admiration pour cette chanteuse.
→ C'est une chanteuse *pour qui* j'ai beaucoup d'admiration.
　（＝C'est une chanteuse pour laquelle j'ai beaucoup d'admiration.）
　　私が非常に感嘆している歌手です。

(2) ＜前置詞＋lequel、laquelle、lesquels、lesquelles＞―先行詞は「物（人）」ですが、この関係代名詞は先行詞の性・数によって変化します。

　　J'écris avec un stylo. Ce stylo est très facile à utiliser.
→ Le stylo *avec lequel* j'écris est très facile à utiliser.
　　私が書くのに使う万年筆はとても使い易いです。

➡先行詞が「人」の場合、＜前置詞＋lequel...＞を用いることもできますが、ふつうは＜前置詞＋qui＞を用います。

➡文語では、先行詞の性・数を明示・または強調するため、qui の代わりに前置詞なしの lequel... を用いることがあります。次の例文では、laqulle を用いることで先行詞が la mère であることを明示しています。

　　J'ai rencontré la mère de Laurent, laquelle vit seule depuis son divorce.
　　ローランの母親に会いましたが、彼女は離婚後ひとりで暮らしています。

　　＜auquel、à laquelle、auxquels、auxquelles＞―前置詞 à を介する場合

　　Nous assistons aux cours. Les cours sont passionnants.
→ Les cours *auxquels* nous assistons sont passionnants.
　　私たちが出席する授業は非常に面白いです。

＜duquel、de laquelle、desquels、desquelles＞—前置詞 de を介する場合、先行詞が「人・物」であれば、ふつう dont（de qui、duquel.... などよりも）を用いますが、前置詞句を介する場合は duquel... を用います。

dont	duquel…
L'appartement dont il rêve 彼があこがれているアパート	L'appartement près duquel il habite 彼が住んでいる近くのアパート
L'appartement dont il est content 彼が気に入っているアパート	L'appartement à côté duquel il habite 彼が住んでいるそばのアパート
L'appartement dont il est le concierge 彼が管理人をしているアパート	L'appartement en face duquel il habite 彼が住んでいる正面のアパート

Je me promène parfois près d'une église. Comment s'appelle cette église ?
→ Comment s'appelle l'église *près de laquelle* je me promène parfois ?
私がたまに散歩する近くの教会は何という名前ですか？

40課　強調構文

強調構文は、特定の語を強調する場合に用いる構文です。

> …なのは〜である
> C'est 〜 qui...　　〔主語の強調〕
> C'est 〜 que...　　〔直接・間接目的補語、状況補語の強調〕

➡ 主語・直接目的補語の qui、que は関係代名詞ですが、間接目的補語・状況補語の que は接続詞になります。

次の例文を使って、強調構文を見ていきましょう。　🔊 2-066

> J'ai offert cette montre à Patricia hier.
> 私は昨日パトリシアにあの時計をプレゼントした。

(1) 主語の強調

C'est moi *qui* ai offert cette montre à Patricia.
昨日パトリシアにあの時計をプレゼントしたのは私です。

➡ qui の後の動詞（人称・数）や属詞（性・数）は、主語に一致します。
　　C'est Marc et Eric qui *sont* les plus *bruyants*.　一番うるさいのはマークとエリックです。
➡ 人称代名詞を強調する場合は、強勢形を用います。(p.156)
　　C'est *toi* qui as cassé ce vase?　　　　　この花瓶を割ったのは君なの？
　　C'est *vous* qui m'avez téléphoné ce matin?　今朝私に電話をかけてきたのはあなたですか？
　　Ce sont *elles* qui préparent le dîner.　　夕食の準備をするのは彼女らです。

(2) 直接目的補語の強調

C'est cette montre *que* j'ai offerte à Patricia hier.
私が昨日パトリシアにプレゼントしたのはあの時計です。

➡ 複合時制では、過去分詞は先行する直接目的補語の性・数に一致します。(p.262)

(3) 間接目的補語の強調

C'est à Patricia *que* j'ai offert cette montre hier.
私が昨日あの時計をプレゼントしたのはパトリシアにです。

(4) 状況補語の強調

C'est hier *que* j'ai offert cette montre à Patricia.
私がパトリシアにあの時計をプレゼントしたのは昨日です。

41課　指示代名詞

指示形容詞については 16 課で学びましたが、次に取り上げる指示代名詞には、性・数によって変化するものと、しないものがあります。

❶ 性・数によって変化しない指示代名詞　◀︎2-067

「これ、それ、あれ」を意味します。

ce	ceci, cela （ça）
[ス]	[ススィ][スラ（サ）]

(1) ce が主語となる場合

　　C'est formidable !　　　　　すばらしい！
　　C'est pas moi.　　　　　　僕じゃないよ。
　　Ce sont des billes.　　　　（それらは）ビー玉です。
　　C'est ici que tu habites ?　君が住んでいるのはここなの？

(2) ce が関係代名詞の先行詞として用いられる場合—ce qui、ce que、ce dont「～の物・事」

　　Montrez-moi *ce qui* est dans le sac à dos.
　　リュックの中のものを見せてください。
　　Je ne comprends pas *ce que* vous dites.
　　あなたの言っていることがわかりません。
　　Prends *ce dont* tu as besoin.
　　必要なものを取りなさい。
　　Ce qui n'est pas clair n'est pas français.
　　明晰でないものはフランス語ではない。

　➡ ce qui、ce que は、間接疑問文では「何を（が）」という意味になります。(p.252)

(3) cela が動詞の主語・補語、または属詞となる場合—日常会話では、省略形（ça）がよく用いられます。

> *Cela* ne vous concerne pas. それはあなたに関係のないことです。
> Ne pense plus à *cela*. もうそのことは考えるな。
> *Ça* s'écrit comment ? それはどう書く（綴る）のですか？
> *Ça* va ? 元気？
> C'est *ça*. その通り．

➡ ça は、慣用的表現でも用いられます。
　　Avez-vous une ampoule comme ça? こんな風な電球はありますか？

(4) 遠近の対比を表す場合—ceci「これ」・cela「あれ」を併用します。

> *Ceci* est plus grand que *cela*. これはあれよりも大きいです。

❷ 性・数によって変化する指示代名詞　🔊2-068

「〜のそれ」を意味し、受ける名詞の性・数によって次のように変化します。

男性単数	女性単数	男性複数	女性複数
celui [スリュイ]	celle [セール]	ceux [ス]	celles [セール]

➡基本となる形は、＜ce＋lui、elle、eux、elles（強勢形）＞です。

(1) 前置詞 de を伴って限定する場合

> Les enfants de Georges sont écoliers et *ceux* d'Estelle sont lycéens.　　　　　(= les enfants d'Estelle)
> ジョルジュの子供たちは小学生で、エステルのは高校生です。
> Ma chambre est bien en ordre, mais *celle* de mon frère est en désordre.　　　(= la chambre de mon frère)
> 私の部屋は整頓されているが、弟のは散らかっている。

(2) 関係代名詞の先行詞として用いられる場合

J'aime ce manteau, mais je voudrais essayer *celui* qui est dans la vitrine.
このコートは好きなのですが、ショーウィンドーにあるのを試着してみたいです。

Tu as acheté quelle grammaire française ?
―*Celle* que tu m'as proposée.
君はどんなフランス語の文法書を買ったの？
―君が勧めてくれたのを買ったんだ。

Levez la main *ceux* qui ne comprennent pas.[1]
わからない人は手を上げなさい。

> 1 ➡ 名詞を受けない場合は、「〜する人」という意味になります。これに対するのが、先ほどの ce qui、ce que、ce dont「〜の物・事」です。

(3) 遠近の対比を表す場合―指示代名詞の後に、-ci「こちらの」・-là「あちらの」をつけて併用します。(p.124)

J'ai acheté deux gâteaux, tu veux *celui-ci* ou *celui-là* ?
ケーキを2つ買ったんだ、君はこっちそれともあっちが欲しい？

> ➡ 遠近の対比がない場合は、ふつう近くのものでも-là をつけて用います。
> Je voudrais un melon, *celui-là*, s'il vous plaît.
> メロン1個欲しいのですが、これをください。

42課 所有代名詞

所有形容詞については 17 課で学びましたが、この所有代名詞（英語の mine に相当）は「〜のもの」を意味します。定冠詞とともに用いますが、受ける名詞＜所有形容詞＋名詞＞の性・数によって次のように変化します。

🔊 2-069

所有者＼受ける名詞	男性単数	女性単数	男性複数	女性複数
私のもの	le mien [ルミヤン]	la mienne [ラミエンヌ]	les miens [レミヤン]	les miennes [レミエンヌ]
君のもの	le tien [ルティヤン]	la tienne [ラティエンヌ]	les tiens [レティヤン]	les tiennes [レティエンヌ]
彼のもの／彼女のもの	le sien [ルスィヤン]	la sienne [ラスィエンヌ]	les siens [レスィヤン]	les siennes [レスィエンヌ]
私たちのもの	le nôtre [ルノートル]	la nôtre [ラノートル]	les nôtres [レノートル]	
あなた(方)のもの／君たちのもの	le vôtre [ルヴォートル]	la vôtre [ラヴォートル]	les vôtres [レヴォートル]	
彼らのもの／彼女らのもの	le leur [ルルール]	la leur [ラルール]	les leurs [レルール]	

➡ nôtre、vôtre は、所有形容詞の notre、votre より少し長めに発音します。
➡ 前置詞 à、de と用いる場合は、（女性単数形以外）縮約します。

à + le mien...	au mien	à la mienne	aux miens	aux miennes
de + le mien...	du mien	de la mienne	des miens	des miennes

Mes parents parlent avec *les tiens*.（= tes parents）
私の両親は君の（両親）と話している。

Est-ce que vous préférez ma robe ou sa robe ?
— Je préfère *la vôtre* à *la sienne*.（= votre robe à sa robe）
私のドレスと彼女のドレスとどっちが好きですか？
—彼女のよりあなたのが好きです。

C'est ton verre?
—Non, ce n'est pas *le mien*. C'est celui de Sophie.
これ君のグラス？
―いや、僕のじゃないよ。ソフィーのだよ。

➡次の例文を比較してみましょう。
  C'*est ma montre.*　　　私の時計です。
  C'est *à moi.*　　　　　私のです。
  C'est *celle de Jérome.*　ジェロームのです。
  C'est *la mienne.*　　　私のです。

43課　不定形容詞と不定代名詞

不特定の「人」や「物」を、漠然と表す場合に用いる不定形容詞と不定代名詞について見ていきましょう。不定代名詞 on については 11 課 (p.107) 参照。

❶ tout

🔊 2-070

男性単数	女性単数	男性複数	女性複数
tout [トゥ]	toute [トゥットゥ]	tous [トゥ (トゥス)]	toutes [トゥットゥ]

➡ 男性複数形の tous [トゥス] は、代名詞として働く場合の発音です。

(1) 形容詞として働く場合 ―「(単数) ～の全体」「(複数) すべての～」

性＼数	単数	複数
男性	tout le temps　いつでも	tous les étudiants　すべての男子学生
女性	toute la journée　一日中	toutes les étudiantes　すべての女子学生

　　Toute la classe n'a pas pu répondre à cette question difficile.
　　クラスの全員がこの難問に答えられなかった。

➡ 定冠詞の代わりに、指示形容詞や所有形容詞を用いる場合もあります。
　　Je vais acheter toutes ces fleurs.　　この花を全部買います。
　　J'ai perdu tout *mon* argent au casino.　カジノであり金を全部なくした。

(2) 代名詞として働く場合 ― tout「(単数) すべて、全部」、tous、toutes「(複数) みんな、すべての人・物」

　　Tout est prêt.　　　　　　　　　すべて準備完了。
　　Vous êtes *tous* stagiaires?[1]　　あなた方はみんな研修生ですか？

　　Où sont mes bagues?　　　　　　私の指輪はどこ？
　　—Toutes sont dans le baguier.　—すべて宝石箱の中にあるよ。

1 ➡ tous [トゥス] と発音。
➡ 形容詞・代名詞として働く場合の比較をしてみましょう。
　　Je connais *toutes* les étudiantes.　　私は全ての女子学生を知っている。
　　Elles‿habitent *toutes* au foyer d'étudiant.　彼女らはみんな学生寮に住んでいる。

(3) 副詞として働く場合 — tout「(形容詞の前) まったく、非常に」

Ils sont tout jeunes. 彼らはまったく若い。
Elles sont tout étonnées. 彼女らは非常に驚いている。

> ➡ ふつう副詞では不変ですが、子音字・または無音の h で始まる女性形容詞の前では、toute(s) になります。
> Elles sont toutes tristes. 彼女らは非常に悲しんでいる。

❷ その他の不定形容詞と不定代名詞

不定形容詞	例	不定代名詞	例
quelques + 名詞 [ケルク] いくつかの～ 何人かの～	J'ai *quelques* amies. 数人の友達がいる。	quelques-un(e)s [ケルクザン(ズュヌ)] いくつか 何人か	*Quelques-unes* vivent seules. 何人かは一人で暮らしている。
plusieurs + 名詞 [プリュズュール] いくつもの～ 何人もの～	J'ai *plusieurs* amis. 何人もの友達がいる。	plusieurs [プリュズュール] いくつも 何人も	*Plusieurs* vivent en couple. 何人も同棲している。
certain(e)s + 名詞 [セルタン(テンヌ)] いくつかの～ 何人かの～	J'ai pris *certaines* photos. 何枚かの写真を撮った。	certain(e) [セルタン(テンヌ)] いくつかのもの いくつかの人	*Certaines* sont ratées. 何枚かはしくじっている。
d'autres + 名詞 [ドートル] 他のいくつかの～ 他の何人かの～	J'ai pris *d'autres* photos. 他の何枚かの写真を撮った。	d'autres [ドートル] 他のもの 他の人	*D'autres* sont réussies. 他の何枚かはよく撮れている。
chaque + 名詞 [シャック] それぞれの～ 各～	Je connais *chaque* étudiant. 各学生を知っている。	chacun(e) [シャッカン(キュンヌ)] それぞれ 各自	*Chacun* habite en banlieue. それぞれ郊外に住んでいる。
tout.. + 定冠詞 + 名詞 [トゥ] 全ての～	Je connais *toutes* les étudiantes. 全学生を知っている。	tout... [トゥ] 全てのもの 全ての人	Elles habitent *toutes* en ville. 彼女たちは皆市内に住んでいる。

不定代名詞	例
quelqu'un 誰か ある人	Vous attendez *quelqu'un*? —Non, je *n*'attends *personne*. 誰かを待っているのですか？ —いいえ、誰も。
quelque chose ［ケルクショーズ］ 何か ある物・事	Tu as besoin de *quelque chose*? —Non, je *n*'ai besoin de *rien*. 何か必要なの？ —いや、何も要らないよ。
n'importe où...[1] ［ナンポフトゥウ］ どこでも	On va déjeuner où? —*N'importe où*. どこで昼食を食べる？ —どこでも。
n'importe lequel... ［ナンポフトゥルケル］ どれでも 誰でも	Tu mets quelle cravate? —*N'importe laquelle*. どのネクタイにするの？ —どれでも。

1 ➡ この他にも、n'importe qui、n'importe quoi、n'importe quand などがあります。

44課 否定文 (2)

(1) ここでは、ne ~ pas 以外の否定形を見ていきましょう。 🔊2-071

否定形	例
ne~plus もう~ない	Mes enfants *ne* croient *plus* au Père Noël. 子供たちはもうサンタクロースを信じません。
ne~jamais 決して~ない	Il *ne* montre *jamais* ses faiblesses. 彼は決して弱音を吐かない。
ne~guère ほとんど~ない	Elle *ne* boit *guère* de bière. 彼女はほとんどビールを飲まない。
ne~que¹ しか~ない	Je *ne* dors *que* quatre heures par jour. (=Je dors seulement quatre heures par jour.) 私は1日に4時間しか寝ない。
ne~ni...ni... ...も...も~ない	Il *n*'est *ni* jeune *ni* beau. (=Il n'est pas jeune et il n'est pas beau.) 彼は若くもハンサムでもないよ。
ne~rien 何も~ない	Je *n*'ai *rien* à dire. 何も言うことはありません。
ne~aucun(e)... いかなる...も~でない	Vous *n*'avez *aucun* soucis? あなたは何の心配事もないのですか?
ne~personne 誰も~ない	Il *n*'y a *personne* dans la rue. 通りには誰もいない。

1 ➡ ne ~ que は、厳密に言えば否定ではなく限定・制限を表すので、不定冠詞や部分冠詞が否定の de にはなりません。
　　Elle ne lit que des romans d'amour.　　　彼女は恋愛小説しか読まない。

(2) ne ~ aucun(e) と ne ~ personne は、次のような場合では否定形の位置が異なります。

(a) 複合時制の場合

　　Je *n*'ai *rien* fait hier.　　　　　　　昨日は何もしなかった。
　　Je *n*'ai mangé *aucune* viande.　　　　全く肉を食べなかった。
　　Je *n*'ai vu *personne*.　　　　　　　　誰にも会わなかった。

(b) ＜動詞＋不定詞＞の場合

Je *ne* veux *rien* faire aujourd'hui. 今日は何もしたくない。
Je *ne* peux manger *aucune* viande. 全くお肉を食べられない。
Je *ne* veux voir *personne*. 誰にも会いたくない。

(3) 併用できる否定形もあります。

Il *n'* y a *plus personne* ici. もうここには誰もいない。
Elle *ne* mange *jamais rien* le matin. 彼女は朝は決して何も食べない。
Je *n'* ai *guère que* cinq euros. 5ユーロほどしか持ってない。

45課　直説法半過去

　直説法複合過去は「〜した」と過去の一時的な行為を表すのに対し、この課で取り上げる直説法半過去（半過去）は、広く言えば「〜していた」という、過去における継続的な未完了の行為・状態を表す時制です。

❶ 活用

🔊 2-072

(1) 直説法現在1人称複数から語尾 –ons を除き、そこに直説法半過去の語尾をあてはめて作ります。

語尾	écouter (nous écout*ons*)	choisir (nous choisiss*ons*)	faire (nous fais*ons*)
je　–ais [エ]	j' écout*ais* [ジェクテ]	je choisiss*ais* [ジュショワズィッセ]	je fais*ais* [ジュフゼ]
tu　–ais [エ]	tu écout*ais* [テュエクテ]	tu choisiss*ais* [テュショワズィッセ]	tu fais*ais* [テュフゼ]
il　–ait [エ]	il écout*ait* [イレクテ]	il choisiss*ait* [イルショワズィッセ]	il fais*ait* [イルフゼ]
nous –ions [イヨン]	nous écout*ions* [ヌゼクティヨン]	nous choisiss*ions* [ヌショワズィッスィヨン]	nous fais*ions* [ヌフズィヨン]
vous –iez [イエ]	vous écout*iez* [ヴゼクティエ]	vous choisiss*iez* [ヴショワズィッスィエ]	vous fais*iez* [ヴフズィエ]
ils　–aient [エ]	ils écout*aient* [イルゼクテ]	ils choisiss*aient* [イルショワズィッセ]	ils fais*aient* [イルフゼ]

➡ manger 型、commencer 型の nous、vous の綴りには注意してください。

(2) être の語幹だけは例外になります。

être (例外)	j'étais [ジェテ]	avoir (nous av*ons*)	j'avais [ジャヴェ]

❷ 用法

(1) 過去における継続的な行為・状態を表します。—「〜していた」

〔半過去〕	〔複合過去〕	〔現在形〕
Ce matin, il faisait beau. 今朝、天気が良かった。		Maintenant, il pleut. 今、雨が降っている。

Tout à coup, le temps a changé.
突然、天気が変わった。

Hier soir, vous *écoutiez* quelle musique?
昨夜、何の音楽を聴いていたのですか？

Olivier *était* vachement coquin quand il *était* petit.
オリヴィエは小さかった頃、すごいいたずらっ子だった。

Quand ma sœur est entrée dans ma chambre, je *me changeais*.
妹が部屋に入ってきたとき、私は着替えをしていた。

➡ 複合過去は「点の過去」、半過去は「線の過去」と呼ばれることがありますが、この「点と線」は時間の長さとは関係がなく、あくまでも話し手の主観によって捉えられます。
➡ 次の例文を比較してみましょう。起点と終点がある期間（時の表現）の場合、継続的な行為であっても複合過去を用います。
　　Avant, j'habitais à Nice.　　　　　　以前、ニースに住んでいた。
　　Pendant dix ans, j'ai habité à Nice.　　10年間、ニースに住んだ（住んでいた）。

(2) 過去における絵画的な描写（行為の背景となる状況、人物の心理など）を表します。文学作品でよく用いられる用法です。

Je suis arrivé à une ville. La pluie *commençait* à tomber. Il n'y *avait guère* de gens dans la rue, un silence profond *régnait* dans cette ville.
私はある町に着いた。雨が降りはじめていた。人通りはほとんどなく、町はしんと静まり返っていた。

(3) 過去における習慣的・反復的な行為を表します。

　　Avant il *fumait* beaucoup, mais maintenant il ne fume plus.
　　以前彼はよくタバコを吸っていたが、今はもう吸わない。

　　Tous les vendredis, ma fille *chantait* à la chorale de l'école.
　　毎週金曜日、娘は学校の合唱団で歌っていた。

(4) 過去における近接未来と近接過去を表します。(p.138)

　　Ah, j'*allais* oublier mon parapluie.
　　おっと、傘を忘れるところだった。

　　Mon fils *venait* de sortir quand je suis rentré.
　　私が帰ったとき、息子は外出したところだった。

(5) 直接話法から間接話法に転換する際、主節が過去時制の場合は従属節で時制の照応が行われ、半過去が"過去における現在"を表します。(p.249, 250)

　　Elle m'a dit : « Je suis très occupée. »
　→ **Elle m'a dit qu'elle *était* très occupée.**
　　彼女は私にとても忙しいと言った。

　➡ 従属節の半過去は、現在形のように訳します。

46課 直説法大過去

直説法大過去（大過去）は、過去の完了を表す時制です。

❶ 活用

(◀2-074)

助動詞（avoir、être）の直説法半過去＋過去分詞		
dîner	**arriver**
j' avais dîné ［ジャヴェディネ］	j' étais arrivé(e) ［ジェテザリヴェ］
tu avais dîné ［テュアヴェディネ］	tu étais arrivé(e) ［テュエテザリヴェ］
il avait dîné ［イラヴェディネ］	il était arrivé ［イレテタリヴェ］
nous avions dîné ［ヌザヴィヨンディネ］	nous étions arrivé(e)s ［ヌゼティヨンザリヴェ］
vous aviez dîné ［ヴザヴィエディネ］	vous étiez arrivé(e)(s) ［ヴゼティエザリヴェ］
ils avaient dîné ［イルザヴェディネ］	ils étaient arrivés ［イルゼテタリヴェ］

❷ 用法

(◀2-075)

(1) 英語の過去完了に相当する用法で、過去のある時点で既に完了していた行為・状態を表します。

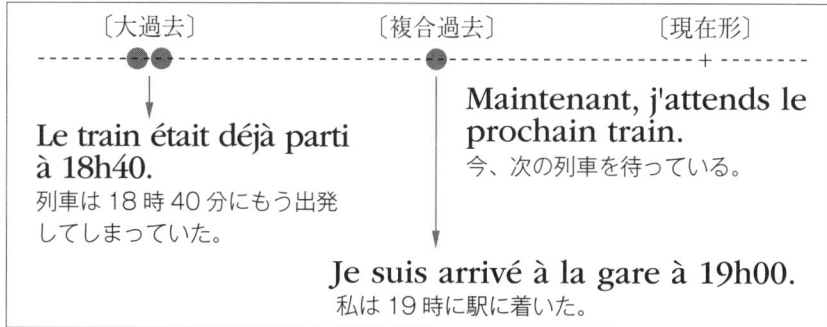

〔大過去〕　　　　　〔複合過去〕　　　　　〔現在形〕

Le train était déjà parti à 18h40.
列車は18時40分にもう出発してしまっていた。

Maintenant, j'attends le prochain train.
今、次の列車を待っている。

Je suis arrivé à la gare à 19h00.
私は19時に駅に着いた。

Quand les agents de police sont arrivés, le malfaiteur *avait* déjà *fui* de son appartement.
警官たちが到着したとき、犯人はすでにアパートから逃げ出していた。

(2) 半過去で表される習慣・反復に先立って行われた、習慣的・反復的な行為を表します。

Quand mon père *avait fini* son travail, il allait boire au bar.
父は仕事を終えると、バーへ飲みに行ったものだ。

(3) 直接話法から間接話法に転換する際、主節が過去時制の場合は従属節で時制の照応が行われ、大過去が"過去における過去"を表します。(p.249, 251)

Il m'a raconté : « Je l'ai rencontrée en soirée. »
→ Il m'a raconté qu'il l'*avait rencontrée* en soirée.
彼は私にパーティーで彼女に出会ったと言った。

➡ 従属節の大過去は、複合過去のように訳します。

47課　直説法単純過去

　過去時制としては複合過去・半過去・大過去と学んできましたが、次に取り上げる直説法単純過去（単純過去）は、歴史や伝記・物語など、過去について「〜した」と記述する文章語として用いられる時制です。

❶ 活用

　単純過去を語尾の母音で分類すると、a 型、i 型、in 型、u 型の 4 種類に分かれ、これを不定詞ごとにまとめると次のようになりますが、語幹は過去分詞から類推できるものと、できないものがあります。

- ➢ −er 動詞の全部が a 型
- ➢ −ir 動詞の大部分が i 型（一部 venir、tenir が in 型）
- ➢ −re 動詞は i 型、u 型
- ➢ −oir 動詞の大部分が u 型

🔊 2-076

語尾		aimer (aimé)
je	−ai [エ]	j' aim*ai* [ジェメ]
tu	−as [ア]	tu aim*as* [テュエマ]
il	−a [ア]	il aim*a* [イルマ]
nous	−âmes [アーム]	nous aim*âmes* [ヌゼマーム]
vous	−âtes [アットゥ]	vous aim*âtes* [ヴゼマットゥ]
ils	−èrent [エール]	ils aim*èrent* [イルゼメール]

語尾		finir (fini)
je	–is [イ]	je finis [ジュフィニ]
tu	–is [イ]	tu finis [テュフィニ]
il	–it [イ]	il finit [イルフィニ]
nous	–îmes [イーム]	nous finîmes [ヌフィニーム]
vous	–îtes [イットゥ]	vous finîtes [ヴフィニットゥ]
ils	–irent [イール]	ils finirent [イルフィニール]

語尾		venir (venu)
je	–ins [アン]	je vins [ジュヴァン]
tu	–ins [アン]	tu vins [テュヴァン]
il	–int [アン]	il vint [イルヴァン]
nous	–înmes [アンム]	nous vînmes [ヌヴァンム]
vous	–întes [アントゥ]	vous vîntes [ヴァントゥ]
ils	–inrent [アンル]	ils vinrent [イルヴァンル]

語尾		vouloir (voulu)
je	–us [ユ]	je voulus [ジュヴリュ]
tu	–us [ユ]	tu voulus [テュヴリュ]
il	–ut [ユ]	il voulut [イルヴリュ]
nous	–ûmes [ユーム]	nous voulûmes [ヌヴリューム]
vous	–ûtes [ユットゥ]	vous voulûtes [ヴヴリュットゥ]
ils	–urent [ユール]	ils voulurent [イルヴリュール]

歴史や物語などで用いられる時制ですので、特に3人称がよく用いられます。以下に、主な動詞をまとめておきます。(( ) 内は過去分詞)

a型	aller (allé)	il alla [イララ]	in型	tenir (tenu)	il tint [イルタン]
i型	partir (parti)	il partit [イルパフティ]	u型	mourir (mort)	il mourut [イルムーリュ]
	dire (dit)	il dit [イルディ]		lire (lu)	il lut [イルリュ]
	faire (fait)	il fit [イルフィ]		croire (cru)	il crut [イルクリュ]
	naître (né)	il naquit [イルナキ]		vivre (vécu)	il vécut [イルヴェキュ]
	écrire (écrit)	il écrivit [イレクリヴィ]		être (été)	il fut [イルフュ]
	conduire (conduit)	il conduisit [イルコンデュイズィ]		avoir (eu)	il eut [イリュ]
	prendre (pris)	il prit [イルプリ]		savoir (su)	il sut [イルスュ]
	attendre (attendu)	il attendit [イラットンディ]		devoir (dû)	il dut [イルデュ]
	voir (vu)	il vit [イルヴィ]		pouvoir (pu)	il put [イルピュ]

❷ 用法

🔊 2-077

(1) 現在とは切り離れた、過去の一時的な行為・事柄を表します。

> **Marie Antoinette *naquit* à Vienne en 1755.**
> マリー・アントワネットは1755年にウィーンで生まれた。

> **La première Guerre mondiale *éclata* en 1914.**
> 第1次世界大戦は1914年に勃発した。

➡ 単純過去も複合過去と同じく「点の過去」を表しますが、複合過去は現在と何らかのつながりを持っていることが多く、会話や手紙などで用いられます。

(2) 文学作品では、過去における叙述（継起した事柄を順に追って述べる）を表します。この「叙述の単純過去」は、「描写の半過去」とともによく用いられます。

> **Le patron *ferma* la fenêtre, *éteignit* la lampe, et *descendit* seul au sous-sol. Il *ouvrit* la porte, *donna* un morceau de pain à son domestique qui s'y accroupissait.**
> 主人は窓を閉め、ランプを消し、そしてひとり地下室へと降りた。彼はドアを開け、そこにうずくまっていた使用人にパン一切れを与えた。

48課　直説法前過去

　直説法前過去（前過去）も文章語として用いられる時制で、3人称がよく用いられます。

❶ 活用

🔊 2-078

助動詞（**avoir**, **être**）の直説法単純過去 + 過去分詞

mettre			monter		
j'	eus	mis	je	fus	monté(e)
	[ジュミ]			[ジュフュモンテ]	
tu	eus	mis	tu	fus	monté(e)
	[テュユミ]			[テュフュモンテ]	
il	eut	mis	il	fut	monté
	[イリュミ]			[イルフュモンテ]	
nous	eûmes	mis	nous	fûmes	monté(e)s
	[ヌズュームミ]			[ヌフュームモンテ]	
vous	eûtes	mis	vous	fûtes	monté(e)(s)
	[ヴズュットゥミ]			[ヴフュットゥモンテ]	
ils	eurent	mis	ils	furent	montés
	[イルズュールミ]			[イルフュールモンテ]	

❷ 用法

🔊 2-079

　前過去は時間を表す従属節（接続詞（句）など[1]）で用いられ、単純過去で表される主節の直前に完了した行為を表します。

Quand le soldat *fut descendu* du train, sa femme cria son prénom.
兵士が列車から降りると、妻が彼の名前を叫んだ。

Dès que cet homme *fut entré* dans la banque, il braqua son fusil sur les clients.
その男は銀行に入ったとたん、銃口を客たちに向けた。

---

1 ➡ quand・lorsque「～する時」、dès que・aussitôt que「～するや否や」(p.229, 230)
　➡ 次の例文を比較してみましょう。
　　Elle dîna, puis elle monta dans sa chambre.
　　彼女は夕食をとり、それから部屋に上った。
　　Aussitôt qu' elle *eut dîné* , elle monta dans sa chambre.
　　彼女は夕食をとるとすぐに部屋に上った。

49課 直説法単純未来

次に取り上げる直説法単純未来（単純未来）は、未来の行為・状態を表す時制です。

❶ 活用

🔊 2-080

(1) 不定詞から語尾の –r・–re を除き、そこに直説法単純未来の語尾をあてはめて作ります。

語尾	changer (changer̷)	partir (partir̷)	attendre (attendr̷e)
je　–rai [レ]	je changerai [ジュションジュレ]	je partirai [ジュパフティレ]	j' attendrai [ジャットンドレ]
tu　–ras [ハ]	tu changeras [テュションジュハ]	tu partiras [テュパフティハ]	tu attendras [テュアットンドハ]
il　–ra [ハ]	il changera [イルションジュハ]	il partira [イルパフティハ]	il attendra [イラットンドハ]
nous –rons [ホン]	nous changerons [ヌションジュホン]	nous partirons [ヌパフティホン]	nous attendrons [ヌザットンドホン]
vous –rez [レ]	vous changerez [ヴションジュレ]	vous partirez [ヴパフティレ]	vous attendrez [ヴザットンドレ]
ils -ront [ホン]	ils changeront [イルションジュホン]	ils partiront [イルパフティホン]	ils attendront [イルザットンドホン]

(2) peser 型、appeler 型の語幹は、直説法現在 1 人称単数から作ります。

peser (je pèse)	je pèserai [ジュペズレ]	appeler (j'appelle)	j'appellerai [ジャペルレ]

222

(3) 語幹が例外になる動詞もあります。

être	je serai [ジュスレ]	avoir	j' aurai [ジョレ]
aller	j' irai [ジレ]	venir	je viendrai [ジュヴィヤンドレ]
courir	je courrai [ジュクーレ]	envoyer	j' enverrai [ジョンヴェレ]
faire	je ferai [ジュフレ]	voir	je verrai [ジュヴェレ]
savoir	je saurai [ジュソレ]	devoir	je devrai [ジュドゥヴレ]
pouvoir	je pourrai [ジュプーレ]	vouloir	je voudrai [ジュヴドレ]
pleuvoir	il pleuvra [イルプルヴァ]	falloir	il faudra [イルフォドハ]

❷ 用法

(🔊 2-081)

(1) 未来における行為・状態、または意志を表します。

Il *neigera* beaucoup demain.
明日は大雪になるでしょう。

Elles *seront* contentes de votre arrivée.
彼女らはあなたの到着を喜ぶでしょう。

J'*aurai* trente ans le mois prochain.
私は来月30歳になります。

A partir de quelle date *commencera* la rentrée ?
何日から新学期は始まるのですか?

> ➡ 中性代名詞 y は、aller の単純未来の前では省略されます。
> Tu iras au carnaval de Rio l'année prochaine?
> —Oui, j'irai avec ma famille.   ~~—Oui, j'y irai avec ma famille.~~
> 来年、リオのカーニバルに行くの？
> —ええ、家族と一緒に行くわ。

(2) 2人称で、おだやかな語調の命令・依頼を表します。

Tu *iras* chercher le petit à la maternelle.
坊やを幼稚園へ迎えに行ってちょうだい。

Vous me *téléphonerez* dès votre retour.
戻ったらすぐに電話をください。

50課 直説法前未来

直説法前未来（前未来）は、未来の完了を表す時制です。

❶ 活用

🔊 2-082

助動詞（avoir, être）の直説法単純未来＋過去分詞		
faire		sortir
j' aurai fait ［ジョレフェ］		je serai sorti(e) ［ジュスレソフティ］
tu auras fait ［テュオハフェ］		tu seras sorti(e) ［テュスハソフティ］
il aura fait ［イロハフェ］		il sera sorti ［イルスハソフティ］
nous aurons fait ［ヌゾホンフェ］		nous serons sorti(e)s ［ヌスホンソフティ］
vous aurez fait ［ヴゾレフェ］		vous serez sorti(e)(s) ［ヴスレソフティ］
ils auront fait ［イルゾホンフェ］		ils seront sortis ［イルスホンソフティ］

❷ 用法

🔊 2-083

英語の未来完了に相当する用法で、未来のある時点までに完了している行為・状態を表します。

〔現在形〕　　　　　　　〔前未来〕　　　　　　〔単純未来〕

Maintenant, je suis dans le bus. | J'arriverai à la fac vers 9h30.
今、バスの中にいる。　　　　　　9時半頃大学に着きます。

Le cours aura commencé quand j'arriverai à la fac.
　　　　大学に着く時には、授業は始まってしまっているだろう。

Ma femme *se sera couchée* quand je rentrerai à la maison.
　　私が帰るときには、妻は寝てしまっているだろう。

Range la vaisselle toi-même quand tu *auras mangé*.
食べ終えたら自分で食器を片づけなさい。

La réunion *aura fini* dans une heure.
会議は 1 時間後には終わっているでしょう。

➡ 前未来は、quand など時間を表す従属節でも主節でも用いられます。
➡ être は状態を表すので、＜ être ＋形容詞（過去分詞）＞では、前未来の代わりに単純未来を用いることがあります。
  Nous ferons le tour du monde quand nos enfants *seront* grands.
  子供たちが大きくなったら、世界一周旅行をします。

51課 時の表現 (2)

❶ 時

今までに学んだ時制とともに、時の表現 (2) を見ていきましょう。

(1) 現在の時点から見る時の表現

		en ce moment 今		
avant-hier	hier	aujourd'hui	demain	après-demain
おととい	昨日	今日	明日	あさって
	hier soir	ce soir	demain soir	
	昨晩	今晩	明晩	
il y a deux semaines	la semaine dernière	cette semaine	la semaine prochaine	dans deux semaines
先々週	先週	今週	来週	再来週
il y a deux mois	le mois dernier	ce mois (-ci)	le mois prochain	dans deux mois
先々月	先月	今月	来月	再来月
il y a deux ans	l'année dernière	cette année	l'année prochaine	dans deux ans
一昨年	昨年	今年	来年	再来年

🔊 2-084

Nous vous enverrons les invitations *dans huit jours*.[1]
1週間後に招待状を送ります。

***Ce matin*, tu faisais quoi dans le garage?**
今朝、車庫で何をしていたの？

[1] ➡ フランス語では、週を次のようにも表します。
　　une semaine = huit jours　1週間　　deux semaines = quinze jours　2週間

(2) 過去・未来の一時点から見る時の表現 ― 時制の基準点が変わると、時の表現も変わります。

		à ce moment-là その時		
l'avant-veille 前々日	la veille 前日	ce jour-là その日	le lendemain 翌日	le surlendemain 翌々日
	la veille au soir 前夜	ce soir-là その晩	le lendemain soir 翌晩	
deux semaines plus tôt その2週間前	la semaine précédente 前の週	cette semaine-là その週	la semaine suivante 次の週	deux semaines plus tard その2週間後
deux mois plus tôt その2ヵ月前	le mois précédent 前の月	ce mois-là その月	le mois suivant 次の月	deux mois plus tard その2ヵ月後
deux ans plus tôt その2年前	l'année précédente 前年	cette année-là その年	l'année suivante 翌年	deux ans plus tard その2年後

Je suis arrivé à Londres le 20 décembre. *Ce jour-là*, il faisait froid parce qu'il avait neigé *la veille*. Et *le lendemain*, je suis parti pour Paris.
私は12月20日にロンドンに到着した。その日は、前日に雪が降っていたのでとても寒かった。そして翌日、パリへ出発した。

Il fut élu député en 1902 et il démissiona *trois ans plus tard*.
彼は1902年に代議士に当選し、その3年後に辞職した。

Vous reviendrez *dans une ou deux semaines*. A ce *moment-là*, je vous passerai vos commandes.
1、2週間後にまた来てください。その時に、ご注文の品をお渡しします。

❷ 期間

前置詞	
en	（所要時間）〜かかって
depuis	（継続している期間）〜以来、〜前から
pour	（予定の期間）〜の予定で
pendant	（期間）〜の間

🔊 2-085

Ma mère prépare de bons petits plats *en* vingt minutes.
母は 20 分でちょっとしたおいしい料理を作る。

Il ne conduit pas *depuis* son accident.[1]
彼は事故以来運転をしていない。

➡ depuis と同じ意味で< ça fait（期間）que >、< il y a（期間）que >「〜してから（期間）になる」もよく用いられます。Il y a「〜前に」と混同しないように注意してください。
Il y a trente ans *que* nous sommes mariés.
私たちは結婚して 30 年になる。
Il y a trente ans, nous nous sommes mariés.
30 年前に、私たちは結婚した。

❸ 同時性

接続詞			
quand / lorsque	〜する時	tant que / aussi longtemps que	〜する限り
pendant que	〜する間	chaque fois que	〜するたびに

🔊 2-086

Je lisais *pendant que* mon bébé faisait la sieste.
赤ちゃんがお昼寝している間、私は読書をした。

Tant que le mauvais temps continuera comme ça, l'avion ne pourra pas partir.
このような悪天候が続く限り、飛行機は出発できないだろう。

❹ 先行性など

前置詞（句）		接続詞句	
dès + 名詞	～からすぐに	dès que aussitôt que	～するや否や
après + 名詞 après + 不定詞複合形	～(した)後で	après que	～した後で
avant + 名詞 avant de + 不定詞	～(する)前に	avant que(ne) + 接続法	～する前に
jusqu'à + 名詞	～まで	jusqu'à ce que + 接続法	～するまで

🔊 2-087

Après avoir acheté un sandwich, il a pris le métro.
(= Il a acheté un sandwich et il a pris le métro.)
サンドイッチを買ってから、彼は地下鉄に乗った。

Attends-moi *jusqu'à ce que* **je revienne.**[1]
戻ってくるまで待ってて。

1 ➡ 接続法については。(p.239)

52課　受動態

「愛する」は能動態ですが、「愛される」は受動態になります。この課では、その受動態について見ていくことにしましょう。

🔊 2-088

(1) フランス語の受動態は次のように表しますが、過去分詞は主語の性・数に一致します。

> 助動詞（être の活用形）＋他動詞の過去分詞＋(par、de ＋動作主)

➡ 動作主を導く前置詞 par、de がなくても、受動態として文が成立する場合もあります。
Un quart de nos vins sont exportés en Angleterre.
うちのワインの4分の1はイギリスに輸出されている。

(a) 一時的な行為を表す場合は、前置詞 par を用います。
　　Le facteur distribue les lettres.　　　　　　〔能動態〕
→ Les lettres *sont distribuées* par le facteur.　〔受動態〕
　　手紙は郵便配達員によって配達される。

(b) 感情や継続的な状態を表す場合は、前置詞 de を用います。
　　Tous les élèves estiment ce professeur.　　〔能動態〕
→ Ce professeur *est estimé* de tous les élèves.〔受動態〕
　　この先生は全生徒から高く評価されている。

➡ 感情や状態を表す動詞には、次のようなものがあります。

être respecté	尊敬される	être aimé	愛される
être connu	知られる	être entouré	かこまれる

➡ フランス語では、英語のように能動態の間接目的補語が、受動態の主語になることはありません。
Benoît donne ces tulipes à Emilie.
~~Emilie est donnée ces tulipes par Benoît.~~

(2) 受動態の時制は、être によって表されます。

  Elle *est invitée* par Patrick.   〔現在形〕
  彼女はパトリックから招待される。

  Elle *a été invitée* par Patrick.   〔複合過去〕
  彼女はパトリックから招待された。

  Elle *était grondée* par sa mère.   〔半過去〕
  彼女は母親に叱られていた。

  Elle *sera grondée* par sa mère.   〔単純未来〕
  彼女は母親に叱られるでしょう。

(3) フランス人は能動態を好みますし、不定代名詞 on や代名動詞を用いて受け身を表すこともできるので、フランス語では英語ほど受動態を用いません。

  On critique beaucoup sa parole.
  (= Sa parole est beaucoup critiquée.)
  人々は彼（彼女）の発言をとても非難する。

  Le français *se parle* au Canada.
  フランス語はカナダで話されている。

53課　条件法現在

今までに学んだ直説法は、現実の行為・状態をそのまま述べる法ですが、条件法は、非現実の仮定・推測などを述べる法です。2つある時制のうち、まずは条件法現在から見ていくことにしましょう。

❶ 活用

直説法単純未来の語尾を、条件法現在の語尾に置き換えるだけです。ですので、語幹は例外も含め単純未来と同じになります。

語尾	passer	faire	vouloir
je －rais [レ]	je passerais [ジュパッスレ]	je ferais [ジュフレ]	je voudrais [ジュヴドレ]
tu －rais [レ]	tu passerais [テュパッスレ]	tu ferais [テュフレ]	tu voudrais [テュヴドレ]
il －rait [レ]	il passerait [イルパッスレ]	il ferait [イルフレ]	il voudrait [イルヴドレ]
nous －rions [リヨン]	nous passerions [ヌパッスリヨン]	nous ferions [ヌフリヨン]	nous voudrions [ヌヴドリヨン]
vous －riez [リエ]	vous passeriez [ヴパッスリエ]	vous feriez [ヴフリエ]	vous voudriez [ヴヴドリエ]
ils －raient [レ]	ils passeraient [イルパッスレ]	ils feraient [イルフレ]	ils voudraient [イルヴドレ]

➡ 条件法現在の語尾は、＜ r ＋直説法半過去の語尾＞です。

❷ 用法

(1) 現在または未来の語調を和らげた丁寧な意志・願望などを表し、会話や文章などでよく用いられます。

　　Je *voudrais* vous voir demain.
　　明日お目にかかりたいのですが。

　　Est-ce que vous *pourriez* parler un peu plus lentement ?
　　もう少しゆっくり話していただけませんか？

(2) 現在または未来の推測・伝聞・反語などを表します。

    Selon les experts, le taux de chômage *augmenterait* encore.
    専門家たちによると、失業率は更に上がるもようだ。

(3) 現在または未来の事実に反する、非現実な仮定を表します。(p.237)

(4) 直接話法から間接話法に転換する際、主節が過去時制の場合は従属節で時制の照応が行われ、条件法現在が"過去における未来"を表します。(p.249, 251)

    Il a ajouté : « Je rentrerai tard. »
  → Il a ajouté qu'il *rentrerait* tard.
    彼は帰りが遅くなるだろうと言い足した。

➡ 従属節の条件法現在は、単純未来のように訳します。

54課　条件法過去

続いて、条件法過去について見てみましょう。

❶ 活用

🔊 2-091

助動詞（avoir, être）の条件法現在 + 過去分詞		
prendre		aller
j'　　aurais　pris [ジョレプリ]		je　　serais　allé(e) [ジュスレザレ]
tu　　aurais　pris [テュオレプリ]		tu　　serais　allé(e) [テュスレザレ]
il　　aurait　pris [イロレプリ]		il　　serait　allé [イルスレタレ]
nous aurions　pris [ヌゾリヨンプリ]		nous serions allé(e)s [ヌスリヨンザレ]
vous auriez　pris [ヴゾリエプリ]		vous seriez　allé(e)(s) [ヴスリエザレ]
ils　auraient pris [イルゾレプリ]		ils　seraient allés [イルスレタレ]

❷ 用法

🔊 2-092

(1) 過去の語調を和らげたり、後悔・非難を表します。

　　J'aurais voulu parler avec vous.
　　あなたとお話ししたかったのですが。

　　Vous *auriez dû* supporter à ce moment-là.
　　あの時あなたは我慢するべきだったのに。

(2) 過去の推測・伝聞などを表します。

　　L'accident de train *aurait fait* beaucoup de victimes.
　　列車事故でたくさんの死傷者が出たらしい。

(3) 過去の事実に反する、非現実な仮定を表します。(p.244)

（4）直接話法から間接話法に転換する際、主節が過去時制の場合は従属節で時制の照応が行われ、条件法過去が"過去における未来完了"を表します。(p.249, 251)

Elle m'a dit : « Je te rappellerai quand les cours auront fini. »
→ Elle m'a dit qu'elle me rappellerait quand les cours *auraient fini*.
彼女は私に授業が終ったら電話をすると言った。

➡ 従属節の条件法過去は、前未来のように訳します。

55課　仮定

　ある条件のもとで仮定する場合の表現について、見ていくことにしましょう。条件を表す従属節（接続詞 si）の帰結が、主節になります。

(1) 現在または未来の単なる仮定―「もし～ならば」　　🔊 2-093

> Si + 直説法現在、直説法単純未来
> Si + 直説法現在、直説法現在

S' il *fait* beau demain, j'*irai* à la plage.
明日天気が良ければ、ビーチに行きます。

Si vous *partez* tout de suite, vous *attraperez* le train du matin.
すぐに出発すれば、朝の列車に間に合うでしょう。

Si tu *sors*, je *vais* avec toi.
君が出かけるなら、一緒に行くよ。

Si vous *voulez*, je vous *accompagne*.
よろしければ、お送りしますよ。

➡ 現実に条件さえ満たせば、実現が可能であることを単に指しています。

(2) 現在または未来の事実に反する非現実な仮定―「もし～ならば、... なのだが」

> Si + 直説法半過去、条件法現在

S' il *faisait* beau aujourd'hui, j'*irais* à la plage.[1]
今日天気が良ければ、ビーチに行くのに。

Si tu *avais* vingt ans, tu *pourrais* boire de l'alcool.
もし君が20歳ならば、お酒を飲めるのだが。

1 ➡ 現実は「天気が悪くビーチに行けない。」という意味になり、実現が不可能（または極めて少ない）であること指しています。
　➡ ＜Si＋直説法半過去＞または＜pouvoir（条件法現在）＋不定詞＞で、勧誘を表します。
　　Si nous *allions* en discothèque?
　　Nous *pourrions aller* en discothèque!　｝ ディスコにでも行こうか。

237

(3) 過去の事実に反する非現実な仮定 ―「もし～だったら、... だったのだが」

> Si ＋直説法大過去、条件法過去

S' il avait fait beau hier, je *serais allé(e)* à la plage.[1]
昨日天気が良かったなら、ビーチに行ったのに。

Si vous *aviez consulté* un médecin plus tôt, votre état ne *se serait* pas autant *aggravé*.
もしもっと早く医者に診てもらっていれば、こんなに状態は悪化しなかったのに。

> 1 ➡ 現実は「天気が悪かったのでビーチに行けなかった。」という意味になり、実現が不可能であることを指しています。
> ➡ si の代わりに、avec や sans などを用いて条件を表す場合もあります。
> *A ta place*, j'accepterais ce travail.
> 私が君の立場だったら、この仕事を引き受けるのに。
> *Avec un peu d'attention*, il n'aurait pas eu cet accident.
> もし少し注意していれば、彼はあの事故に遭わなかったでしょう。

56課 接続法現在

今まで直説法・条件法と学びましたが、次に取り上げる接続法は、話者の頭の中で考えられたことを述べる法です。4つある時制のうち、まずは接続法現在からから見ていくことにしましょう。

❶ 活用

🔊 2-094

(1) 直説法現在3人称複数から語尾 -ent を除き、そこに接続法現在の語尾をあてはめて作ります。また接続法は、主に従属節で用いられることが多いので、活用の際も接続詞 que を添えて明示されるのが一般です。

語尾	chanter (ils chant*ent*)	sortir (ils sort*ent*)	dire (ils dis*ent*)
que je　 –e [無音]	que je chant*e* [クジュションㇳゥ]	que je sort*e* [クジュソㇳゥ]	que je dis*e* [クジュディーズ]
que tu　 –es [無音]	que tu chant*es* [クテュションㇳゥ]	que tu sort*es* [クテュソㇳゥ]	que tu dis*es* [クテュディーズ]
qu' il　 –e [無音]	qu' il chant*e* [キルションㇳゥ]	qu' il sort*e* [キルソㇳゥ]	qu' il dis*e* [キルディーズ]
que nous –ions [イヨン]	que nous chant*ions* [クヌションティヨン]	que nous sort*ions* [クヌソフティヨン]	que nous dis*ions* [クヌディズィヨン]
que vous –iez [イエ]	que vous chant*iez* [クヴションティエ]	que vous sort*iez* [クヴソフティエ]	que vous dis*iez* [クヴディズィエ]
qu' ils　 –ent [無音]	qu' ils chant*ent* [キルションㇳゥ]	qu' ils sort*ent* [キルソㇳゥ]	qu' ils dis*ent* [キルディーズ]

➡ 接続法現在の語尾は、je、tu、il、ils では＜ -er 動詞の直説法現在の語尾＞、nous、vous では＜直説法半過去の語尾＞と同じです。ただし être、avoir の語尾は例外です。

(2) nous、vous のみが、直説法半過去の語幹と同じになる動詞があります。

acheter (ils achèt*ent*)	prendre (ils prenn*ent*)	boire (ils boiv*ent*)
que j' achète [クジャシェッㇳゥ]	que je prenne [クジュプレーンヌ]	que je boive [クジュボワーヴ]
que nous achetions [クヌザシュティヨン]	que nous prenions [クヌポニヨン]	que nous buvions [クヌビュヴィヨン]
que vous achetiez [クヴザシュティエ]	que vous preniez [クヴポニエ]	que vous buviez [クヴビュヴィエ]

➡ appeler 型、venir 型、boire 型、voir 型など。

(3) 語幹は例外になる動詞もあります。

faire	pouvoir	savoir
que je fasse [クジュファッス]	que je puisse [クジュピュイッス]	que je sache [クジュサッシュ]
que nous fassions [クヌファッスィヨン]	que nous puissions [クヌピュイッスィヨン]	que nous sachions [クヌサッスィヨン]
que vous fassiez [クヴファッスィエ]	que vous puissiez [クヴピュイッスィエ]	que vous sachiez [クヴサッスィエ]

語幹は例外ですが、nous、vous のみが直説法半過去の語幹と同じになります。

aller	vouloir	valoir
que j' aille [クジャイユ]	que je veuille [クジュヴゥイユ]	que je vaille [クジュヴァイユ]
que nous allions [クヌザリヨン]	que nous voulions [クヌヴリヨン]	que nous valions [クヌヴァリヨン]
que vous alliez [クヴザリエ]	que vous vouliez [クヴヴリエ]	que vous valiez [クヴヴァリエ]

(4) être、avoir の語幹と語尾は、例外になります。

être	avoir
que je sois [クジュソワ]	que j' aie [クジェ]
que nous soyons [クヌソワィヨン]	que nous ayons [クヌゼィヨン]
que vous soyez [クヴソワィエ]	que vous ayez [クヴゼィエ]

❷ 用法 🔊2-095

従属節で接続法が用いられるのは次のような場合ですが、主節に対し従属節の接続法現在が、現在または未来を表します。(p.257)

(1) 主節の動詞（句）が、意志・願望・感情・疑惑・命令などを表す場合

意志・願望など	vouloir	望む	avoir besoin	必要である
	souhaiter, désirer	願う	ordonner	命じる
	demander, exiger	要求する		
感情・疑惑	être content	満足している	préférer	の方がよい
	être heureux	うれしい	regretter	後悔する
	être surpris	驚いている	douter	疑う
	être furieux	ひどく怒っている	craindre	心配する

Je veux *qu'* il *vienne* me voir.
彼に会いに来てほしい。

Elle sera contente *que* sa grand-mère *sorte* de l'hôpital.
彼女は祖母が退院するのを喜ぶでしょう。

➡ 上記のような主観的な動詞では、従属節は接続法になり、下記のような客観的な動詞では、従属節は直説法になります。

pense, croire	思う	dire	言う	remarquer	気づく
espérer	期待する	affirmer	主張する	constater	確認する

Je pense *que* c'*est* bizarre. それはおかしいと思う。

➡ ただし、「言う」dire que +直説法、「命じる」dire que +接続法のように、意味によって従属節が接続法になるものもありますので、辞書で動詞（句）を調べる際は、直説法か接続法か確認するよう心掛けてください。

(2) 主節が、判断・可能などを表す非人称構文の場合

非人称構文	il faut	ねばならない	il suffit	十分である
	il importe	大切である	il est normal	当然である
	il est nécessaire	必要である	il est possible	かもしれない
	il vaut miex	の方がよい	il est dommage	残念である

Il faut *que* je *parte* après-demain.
(= Je dois partir après-demain.)
あさって出発しなければならない。

C'est dommage *que* cet acteur ne *paraisse* plus en scène.
あの俳優がもう舞台に立たないのは残念である。

➡ 確実なことを表す下記のような非人称構文では、従属節は直説法になります。

| il est évident、il est clair　明白である | il est certain　確かである |

(3) 主節（penser、croire、il est évident など）が否定形・疑問形で、従属節の内容が不確かな場合

Je ne crois pas *qu'* il *ait* du talent.
彼が才能があるとは思えないね。

Croyez-vous *qu'* elle le *sache*?
あなたは彼女がそのことを知っていると思いますか？

➡ 主節と従属節の主語が同じ場合は、不定詞（左側）を用います。

Je souhaite *réussir*.	Je souhaite *que* vous *réussissiez*.
私は成功したいと思っている。	私はあなたが成功することを願っている。
Il est content d'*être* ici.	Il est content *que* sa fille *soit* ici.
彼はここにいるのがうれしい。	彼は娘がここにいるのがうれしい。
Je ne pense pas *sortir*.	Je ne pense pas *qu'* elle *sorte*.
私は出かけるつもりはない。	私は彼女が出かけるとは思わない。

(4) 従属節が、時間・条件・譲歩などを表す接続詞句の場合

時間	avant que (ne)	～する前に
目的	pour que	～するために
譲歩	bien que	～にもかかわらず
否定	sans que	～することなしに
条件	à condition que	～という条件で
	pourvu que	～さえすれば
制限	à moins que (ne)	～でなければ
その他	de crainte que (ne)	～するといけないから

➡ avant que (ne) などにある ne は、虚辞の ne です。(p.243)

Elle s'est esquivée de sa chambre *sans que* ses parents s'en *aperçoivent*.
彼女は両親に気づかれないで、部屋からこっそり抜け出した。

Les enfants peuvent venir avec nous *à condition qu'* ils ne *fassent* pas de bruit.
子供たちが騒がないなら、一緒に来てもいいですよ。

On arrivera dans une heure *à moins qu'* il n'y *ait* des embouteillages.
渋滞でなければ、1時間後には着くでしょう。

(5) 関係節で、主節の先行詞が最上級・またはそれに準ずる表現 (le seul「唯一の」、le premier「最初の」など) の場合

Il est le meilleur médecin *à qui* mon père *fasse* confiance.
彼は父が信頼している最も優れた医者です。

C'est la seule photo de ma mère *que* j'*aie*.
それは私が持っている母の唯一の写真です。

(6) 主節を省略した独立節で、願望や第三者に対する命令を表す場合

Pourvu qu' il ne *pleuve* pas! 雨が降らなければいいが。
Qu' il *vienne* ici! 彼をここに来させなさい。

➡ 成句的表現では、que が省略される場合もあります。
Vive la France!　フランス万歳。

❸ 虚辞の ne　　🔊 2-096

　従属節で用いられる"虚辞の ne"は、本来の否定の意味はなく、「そうであってほしく"ない"」という話者の潜在的な否定のニュアンスを表します。主に文章語で用いられるので、会話ではよく省略されます。

(1) 不安・懸念を表す動詞や接続詞句の後で ― 従属節は接続法

Je crains que mon enfant *n'* ait un accident.
子供が事故に遭うのではないかと心配だ。

Revenez avant qu'il *ne* fasse nuit.
日が暮れないうちに（暮れる前に）帰ってきなさい。

(2) 不平等比較を表す plus、moins、autre などの後で ― 従属節は直説法

Il est plus poli que je *ne* le croyais.
彼は思っていたより礼儀正しい。

57課 接続法過去

続いて、接続法過去について見てみましょう。

❶ 活用

🔊 2-097

助動詞（avoir, être）の接続法現在 ＋ 過去分詞	
donner	rester
que j' aie donné [クジェドネ]	que je sois resté(e) [クジュソワレステ]
que tu aies donné [クテュエドネ]	que tu sois resté(e) [クテュソワレステ]
qu' il ait donné [キレドネ]	qu' il soit resté [キルソワレステ]
que nous ayons donné [クヌゼィヨンドネ]	que nous soyons resté(e)s [クヌソワィヨンレステ]
que vous ayez donné [クヴゼィエドネ]	que vous soyez resté(e)(s) [クヴソワィエレステ]
qu' ils aient donné [キルゼドネ]	qu' ils soient restés [キルソワレステ]

❷ 用法

🔊 2-098

用法は接続法現在に準じますが、主節に対し従属節の接続法過去が、過去または未来完了を表します。(p.250)

Elle est furieuse *que* vous n'*ayez* pas *répondu* à sa lettre.
彼女はあなたが返事をよこさなかったことにカンカンです。

Nous ne croyons pas *qu'* il *se soit trompé* d'heure.
私たちは彼が時間を間違えたとは思わない。

Je te prêterai mon dictionnaire *pourvu que* tu me l'*aies rendu* avant la fin du mois.
月末までに返してくれるなら、辞書を貸してあげるよ。

➡ 主節と従属節の主語が同じ場合は、不定詞複合形（上記）を用います。
　Elle regrette de ne pas y *être allée*.
　彼女はそこへ行かなかったことを後悔している。
　Elle regrette *qu'* il n'y *soit* pas *allé*.
　彼女は彼がそこへ行かなかったことを残念に思っている。

58課 接続法半過去

　これから取り上げる接続法半過去・大過去は、主節が直説法過去（複合過去、半過去、単純過去など）・または条件法の場合に従属節で用いられる時制ですが、今日ではほとんど用いられず、特に会話では接続法半過去は接続法現在で、接続法大過去は接続法過去で代用されています。ただし、文学作品では文語（特に3人称）として用いられることもありますので、見ていくことにしましょう。

❶ 活用

🔊 2-099

　直説法単純過去2人称単数から語尾 –s を除き、そこに接続法半過去の語尾をあてはめて作ります。

語尾		aimer (tu aimas)	finir (tu finis)	savoir (tu sus)
que je	–sse [ス]	que j'aimasse [クジェマッス]	que je finisse [クジュフィニッス]	que je susse [クジュシュッス]
que tu	–sses [ス]	que tu aimasses [クテュエマッス]	que tu finisses [クテュフィニッス]	que tu susses [クテュシュッス]
qu'il	–^t	qu'il aimât [キレマ]	qu'il finît [キルフィニ]	qu'il sût [キルシュ]
que nous	–ssions [スィヨン]	que nous aimassions [クヌゼマッスィヨン]	que nous finissions [クヌフィニッスィヨン]	que nous sussions [クヌシュッスィヨン]
que vous	–ssiez [スィエ]	que vous aimassiez [クヴゼマッスィエ]	que vous finissiez [クヴフィニッスィエ]	que vous sussiez [クヴシュッスィエ]
qu'ils	–ssent [ス]	qu'ils aimassent [キルゼマッス]	qu'ils finissent [キルフィニッス]	qu'ils sussent [キルシュッス]

❷ 用法

(1) 主節の直説法過去・または条件法に対し、従属節の接続法半過去が現在または未来を表します。(p.250)

> Je ne crois pas qu'il soit menteur.
> → Je ne croyais pas *qu'il fût* menteur.
> 彼が嘘つきだとは思っていなかった。
>
> Elle prie le ciel que son fils guérisse.
> → Elle a prié le ciel *que* son fils *guérît*.
> (= Elle a prié le ciel que son fils guérisse.)
> 彼女は息子が治ることを天に祈った。

➡ 今日では、ふつう接続法半過去は接続法現在で代用されています。
J'aimerais *que* tu m'*écrives* plus souvent.
もっと頻繁に手紙をよこしてほしい。

(2) 条件法現在第2形 ― 文語ですが、従属節の être、avoir、devoir などの接続法半過去（倒置形）は、条件法現在と同じく譲歩を表します。

> Elle voulut aller avec lui, *fût-ce* (= serait-ce) au bout du monde.
> 彼女はたとえこの世の果てでも、彼と行きたかった。

59課 接続法大過去

続いて、接続法大過去について見てみましょう。

❶ 活用

🔊 2-101

助動詞（avoir, être）の接続法半過去＋過去分詞	
finir	arriver
que j' eusse fini [クジュッスフィニ]	que je fusse arrivé(e) [クジュフュッスアリヴェ]
que tu eusses fini [クテュユッスフィニ]	que tu fusses arrivé(e) [クテュフュッスアリヴェ]
qu' il eût fini [キリュフィニ]	qu' il fût arrivé [キルフュタリヴェ]
que nous eussions fini [クヌズュッスィヨンフィニ]	que nous fussions arrivé(e)s [クヌフュッスィヨンザリヴェ]
que vous eussiez fini [クヴズュッスィエフィニ]	que vous fussiez arrivé(e)(s) [クヴフュッスィエザリヴェ]
qu' ils eussent fini [キルズュッスントフィニ]	qu' ils fussent arrivés [キルフュッスタリヴェ]

❷ 用法

🔊 2-102

(1) 主節の直説法過去・または条件法に対し、従属節の接続法大過去が過去または未来完了を表します。(p.250)

Je suis heureux qu'elle soit rentrée sans accident.
→ J'étais heureux *qu*'elle *fût rentrée* sans accident.
（＝ J'étais heureux qu'elle soit rentrée sans accident.）
彼女が無事に帰宅してうれしかった。

Elle attend qu'il ait terminé ce travail.
→ Elle attendait *qu*'il *eût terminé* ce travail.
（＝ Elle attendait qu'il ait terminé ce travail.）
彼女は彼がこの仕事を終えるのを待っていた。

➡ 今日では、ふつう接続法大過去は接続法過去で代用されています。
J'aurais voulu *qu*'il *ait vécu*.
彼に生きていてほしかったのだが。

(2) 条件法過去第 2 形 — 文語ですが、接続法過去が条件法過去・または仮定〈si ＋直説法大過去〉の代わりに用いられることがあります。下記は、パスカルの有名な言葉です。

Le nez de Cléopâtre : s'il *eût été*（= s'il avait été）plus court, toute la face de la terre aurait changé.
クレオパトラの鼻、もしそれがもう少し低かったなら、地球の全表面は変わっていたことだろう。

60課　時制の照応と話法

時制の照応や話法の転換については、各課で少しずつ触れてきましたが、ここでまとめて見ていくことにしましょう。

❶ 時制の照応

🔊 2-103

一般に主節と従属節からなる複文でも、時制に一定の相関関係がありますが、主節の動詞が過去時制の場合は、従属節の動詞の法と時制は変化します。

(1) 従属節が接続法以外の場合 ─ 下記の一覧表ですが、動詞や文意によっては異なる場合もあります。

主節	従属節			
主節に対して→	現在	過去	未来	未来完了
直説法現在・未来	直説法現在	直説法過去	直説法単純未来	直説法前未来
直説法過去	直説法半過去	直説法大過去	条件法現在	条件法過去

➡ 主節が直説法現在・未来の場合は、文意に応じた時制を従属節で用いるだけです。
➡ 直説法過去（複合過去、半過去、単純過去など）

　　Je crois qu'il est présent.
→Je croyais qu'il *était* présent.
　　私は彼が出席していると思っていた。

　　Je sais qu'il s'est remarié avec Patricia.
→Je savais qu'il *s'était remarié* avec Patricia.
　　私は彼がパトリシアと再婚したのを知っていた。

　　Je crois qu'elle se mettra en colère.
→Je croyais qu'elle *se mettrait* en colère.
　　私は彼女が怒るだろうと思っていた。

249

Je suis sûr qu'elle sera venue me chercher avant mon arrivée.
→ J'étais sûr qu'elle *serait venue* me chercher avant mon arrivée.
私は到着前に彼女が迎えに来ているだろうと確信していた。

(2) 従属節が接続法の場合

主節	従属節	
主節に対して→	現在・未来	過去・未来完了
直説法現在・未来	接続法現在	接続法過去
直説法過去 条件法	接続法半過去	接続法大過去

Je ne crois pas qu'elle soit en vacances.
→ Je ne croyais pas qu'elle *fût* en vacances.
私は彼女が休暇中とは思っていなかった。

Je ne crois pas qu'elle revienne demain.
→ Je ne croyais pas qu'elle *revînt* le lendemain.
私は彼女が翌日戻ってくるものとは思っていなかった。

Je doute qu'il soit parti.
→ Je doutais qu'il *fût parti*.
私は彼が出発したか疑っていた。

Je doute qu'il ait bien fait ses devoirs avant mon retour.
→ Je doutais qu'il *eût* bien *fait* ses devoirs avant mon retour.
私は帰宅までに彼がちゃんと宿題をしているか疑っていた。

➡ 特に今日の会話では、従属節の接続法半過去・大過去は、接続法現在・過去で代用されています。
Je voudrais que tu *sois* toujours près de moi.
君にずっと傍にいてほしい。

❷ 直接話法から間接話法への転換

🔊 2-104

人の発言を、引用符《 》を用いてそのまま伝えるのが"直接話法"で、人の発言を、接続詞などの「つなぎの語」を用いて話者の言葉に置き換え伝えるのが"間接話法"です。

> Il me dit：«J'ai faim.»〔直接話法〕彼は私に言う。「お腹が空いている。」
> → Il me dit qu'il a faim.〔間接話法〕彼は私にお腹が空いていると言う。

上記例文のように、直接話法から間接話法へ転換する際は、次のような変化が生じます。
➤ 文の種類による「つなぎの語」の変化
➤ 人称（人称代名詞、所有形容詞、所有代名詞など）の変化
➤ 時制の照応（主節が過去時制の場合）
➤ 時や場所を表す副詞の変化

aujourd'hui 今日 → ce jour-là その日　hier 昨日 → la veille 前日
maintenant 今　→ alors　　　その時　ici ここ → là　　　そこ

文の種類	つなぎの語	例
平叙文	que	Il m'a dit：«Cette occasion ne reviendra jamais.» → Il m'a dit *que* cette occasion ne reviendrait jamais. 彼は私にこんな機会は二度と訪れないだろうと言った。
命令文	de+不定詞	Il nous a dit：«Taisez-vous !» → Il nous a dit *de* nous taire. 彼は私たちに黙るようにと言った。 Il nous a ordonné：«Ne fumez pas !» → Il nous a ordonné *de* ne pas fumer. 彼は私たちにタバコを吸ってはいけないと言った。

間接疑問文	si 〜かどうか	Elle m'a demandé：«Est-ce que tu vas au cinéma avec moi ?» → Elle m'a demandé *si* j'allais au cinéma avec elle. 彼女は私に一緒に映画を見に行くかどうかとたずねた。
	pourquoi quel où など	Elle m'a demandé：«Quel sport aimez-vous ?» → Elle m'a demandé *quel* sport j'aimais. 彼女は私にどんなスポーツが好きなのかとたずねた。
	qui	Il m'a demandé：«Qui est cette fille ?» → Il m'a demandé *qui* était cette fille. 彼は私にあの娘は誰かとたずねた。
間接疑問文	ce qui 何が	Il m'a demandé：«Qu'est-ce qui s'est passé hier ?» → Il m'a demandé *ce qui* s'était passé la veille. 彼は私に前日に何があったのかとたずねた。
	ce que 何を	Il m'a demandé：«Qu'est-ce que tu as perdu ici ?» → Il m'a demandé *ce que* j'avais perdu là. 彼は私にそこで何を落としたのかとたずねた。

➡ ce qui、ce que「〜の物・事」と混同しないように注意してください。(p.202)

❸ 自由間接話法

🔊 2-105

　主に文学作品で用いられる"自由間接話法"は、直接話法と間接話法の中間的な話法です。その特徴は、間接話法の dire que、penser que、croire que などを省略し、独立節のみで登場人物の考えなどを表します。ですので、人称・法・時制は間接話法と同じですが、意味としては直接話法に近くなります。

　　Il se demandait :《Pourquoi je suis venu au monde ?》〔直接話法〕
　　Il se demandait pourquoi il était venu au monde.　〔間接話法〕
　　Pourquoi il était venu au monde ?　　　　　　　　〔自由間接話法〕
→ Il maudissait sa destinée. *Pourquoi il était venu au monde ?*
　　彼は自分の運命を呪っていた。どうして私は生まれてきたのだろうか？

61課 理由・譲歩

この課では、理由や譲歩などの表現について見ていくことにしましょう。

❶ 理由・原因

前置詞（句）		接続詞（句）		
à cause de	～のせいで	parce que	〔未知の理由〕	
grâce à	～のおかげで	puisque	〔既知の理由〕	～なので
en raison de	～の理由で	comme	〔主に文頭〕	
pour＋不定詞複合形	～したために	car	〔前文を受ける〕	～というのは

🔊 2-106

Avez-vous trouvé un emploi *grâce à* Christophe ?
あなたはクリストフのおかげで職を見つけたのですか？

Il a été arrêté *pour* avoir volé une voiture.
彼は車を盗んで逮捕された。

Pourquoi est-elle déprimée ?
—*Parce qu*'elle a raté ses examens.
どうして彼女は落ち込んでいるの？
—試験をしくじったからです。

Comme j'avais rendez-vous chez le médecin, je n'ai pas pu participer à la réunion.
医者での約束があったので、会議に出席することができなかった。

❷ 譲歩

前置詞（句）		接続詞（句）		
malgré	～にもかかわらず	malgré que	＋接続法	～にもかかわらず
en dépit de	～を無視して	bien que	＋接続法	
mais	しかし	quoique	＋接続法	～とはいえ
cependant	しかしながら	même si		たとえ～でも

🔊 2-107

Ils ne se ressemblent pas du tout malgré qu'ils soient jumeaux.
彼らは双子なのに全然似ていない。

Malgré qu' il soit malade, il a beaucoup d'appétit.
彼は病気なのに、食欲が旺盛である。

Bien qu' elle ait joué parfaitement au concours, elle n'a reçu aucun prix.
彼女はコンクールで完璧に演奏したのに、いかなる賞ももらえなかった。

J'ai de la fièvre, *mais* je voudrais quand même aller en excursion.
熱があるけど、それでも遠足に行きたい。

Même si tu étais vieille, je t'aimerais.
たとえ君が老いても、私は君を愛するだろう。

❸ 対立

🔊 2-108

前置詞（句）		接続詞（句）	
au contraire de	～とは逆に	mais	しかし
à l'opposé de	～と反対に	tandis que	～なのに
		alors que	

Isabelle était très discrète *au contraire de* sa sœur gaie.
陽気な姉とは逆にイザベルはとても控え目だった。

C'est très important pour moi *tandis que* c'est sans importance pour lui.
私にとってはとても重大なのに、彼にとっては大したことではない。

❹ 目的

前置詞（句）			接続詞句		
pour	+名詞・不定詞	⎫	pour que	+接続法	⎫
afin de	+不定詞	⎬ ～のために	afin que	+接続法	⎬ ～するために
en vue de	+名詞・不定詞	⎭			⎭

(🔊 2-109)

Elle fait du jogging tous les matins *pour* sa santé.
彼女は健康のために毎朝ジョギングをしている。

Je vous joins une formule de demande *afin que* vous puissiez vous y inscrire immédiatement.
すぐに記入できるよう申し込み用紙を同封します。

62課　現在分詞

　分詞には現在分詞と過去分詞があり、どちらも動詞と形容詞の役割を"分けもつ"ところから、分詞と呼ばれています。ここでは、主に文語として用いられる現在分詞を中心に見ていくことにしましょう。

❶ 現在分詞の形

🔊2-110

(1) 単純形―直説法現在 1 人称複数から語尾 -ons を除き、そこに現在分詞の語尾をあてはめて作ります。

語尾
ant [オン]

chanter (nous chantons)	finir (nous finissons)	prendre (nous prenons)
chant*ant* [ショントン]	finiss*ant* [フィニッソン]	pren*ant* [プノン]

être、avoir、savoir の語幹は例外になります。

être	avoir	savoir
étant [エトン]	ayant [エィヨン]	sachant [サッション]

(2) 複合形―主動詞の時以前に完了した行為・事柄を表します。

助動詞 (avoir, être) の現在分詞＋過去分詞

boire	aller
ayant bu [エィヨンビュ]	étant allé (e) (s) [エトンアレ]

➡ 現在分詞複合形〈étant＋過去分詞〉の étant を、省略することがあります。

257

❷ 現在分詞の用法

🔊 2-111

(1) 形容詞的用法—現在分詞が、関係節（関係代名詞 qui）と同じ働きをします。

Nous cherchons une nourrice *ayant* de l'expérience et *aimant* les enfants.
(=Nous cherchons une nourrice qui a de l'expérience et qui aime les enfants.)
私たちは子供好きで経験のあるベビーシッターを探しています。

Les voyageurs *ayant acheté* des billets devront composter.
(=Les voyageurs qui ont acheté des billets devront composter.)
切符を購入した乗客は日付印を押さなければなりません。

➡ 次の例文を比較してみましょう。現在分詞からつくられた形容詞は、関係する名詞や代名詞の性・数に一致します。(p.102)
C'est une actrice *charmant* tous les hommes. 〔現在分詞〕
全ての男性を魅了する女優です。
C'est une actrice *charmante*. 〔形容詞〕
素敵な女優さんです。

(2) 副詞的用法—同時性・条件・理由・譲歩などを表します。
(a) 現在分詞と主節の主語が同じ場合

Etant petit, il était appelé《l'enfant prodige.》 〔同時性〕
(=Quand il était petit, il était appelé《l'enfant prodige.》)
幼かった時、彼は「神童」と呼ばれていた。

N'*ayant* pas *reçu* sa lettre, je n'ai pas pu y répondre.
〔理由・原因〕
(=Comme je n'ai pas reçu sa lettre, je n'ai pas pu y répondre.)
手紙を受け取らなかったので、返事が書けなかった。

(b) 絶対分詞構文—現在分詞が独自の主語を持ち、主節の主語と異なる場合

Le printemps *venant*, les arbres fleuriront. 〔条件〕
(= Si le printemps vient, les arbres fleuriront.)
春が来れば、木々は花が開くでしょう。

Vos commandes n'*étant* pas *arrivées*, on ne pourra pas vous les livrer. 〔理由・原因〕
(=Comme vos commandes ne sont pas arrivées, on ne pourra pas vous les livrer.)
ご注文の品が届かなかったので、それらを配達することができません。

❸ 過去分詞構文   🔊2-112

過去分詞にも分詞構文がありますが、現在分詞複合形〈étant＋過去分詞〉のétantを省略したものと、考えることができます。

Assise dans un fauteuil, elle regardait en l'air. 〔同時性〕
肘掛け椅子に座って、彼女は空を見上げていた。

L'été *fini*, je retournai à Paris. 〔理由・原因〕
夏が終わったので、パリに戻った。

➡ 過去分詞からつくられた形容詞も、関係する名詞や代名詞の性・数に一致します。(p.102)
　Cette fleur est *fanée*. 〔形容詞〕
　この花はしおれている。

63課 ジェロンディフ

ジェロンディフは、文語的な現在分詞より口語的です。

❶ ジェロンディフの形

🔊 2-113

前置詞 en + 現在分詞		
écouter	dire	savoir
en écoutant	en disant	en sachant
[オンネクトン]	[オンディゾン]	[オンサッション]

➡ ジェロンディフに複合形はありません。

❷ ジェロンディフの用法

🔊 2-114

副詞的用法―ジェロンディフは、同時性・条件・手段・対立などを表し、常に主節の主語の動作を表します。

Elle cuisine *en regardant* la recette. 〔同時性〕
(= Elle cuisine pendant qu'elle regarde la recette.)
彼女はレシピを見ながら料理する。

Nous ne nous sommes pas salués *en nous croisant*. 〔同時性〕
(= Nous ne nous sommes pas salués quand nous nous sommes croisés.)
私たちはすれ違ったとき挨拶を交わさなかった。

En parlant toujours avec des Français, tu progresseras en français. 〔条件〕
(= Si tu parles toujours avec des Français, tu progresseras en français.)
いつもフランス人と話せば、君はフランス語が上達するでしょう。

On apprend beaucoup de choses *en lisant*. 〔手段〕
読書によって人は多くのことを学ぶ。

➡ ジェロンディフの前に **tout** をつけると、同時性を強調したり対立を表します。
➡ 現在分詞とジェロンディフを比較してみましょう。
　Je l'ai vue *entrant* au supermarché.　　〔現在分詞の主語：la〕
　私はスーパーマーケットに入る彼女を見た。
　Je l'ai vue *en entrant* au supermarché.　〔ジェロンディフの主語：je〕
　私はスーパーマーケットに入るとき彼女に会った。

64課　過去分詞の一致

過去分詞の一致については、各課で少しずつ触れてきましたが、ここでまとめて見ていくことにしましょう。

(1) **助動詞に être をとる場合**　　　🔊 2-115

(a) 一般に自動詞の複合時制では、過去分詞は主語の性・数に一致します。
A cette heure-là, ils étaient déjà rentré*s* chez eux.
その時間には、彼らはすでに帰宅していた。

(b) 代名動詞の複合時制では、再帰代名詞 se が直接目的補語の場合、過去分詞はその直接目的補語（つまり主語）の性・数に一致します。
Elle s'est coupée au doigt.　　〔se が直・目〕
彼女は指にケガをした。

➡ **Elle s'est coupé le doigt.**　　〔se が間・目〕
彼女は指を切った。

(c) 受動態では、過去分詞は主語の性・数に一致します。
Je suis très heureux que la sentence juste ait été rendu*e* par le président.
私は裁判長によって正しい判決が下されたことがとてもうれしい。

(2) **助動詞に avoir をとる場合**

複合時制では、直接目的補語が過去分詞を先行する場合、過去分詞はその直接目的補語の性・数に一致します。

(a) 補語人称代名詞を用いたとき
Il les a déjà jeté*(e)s* à la poubelle.
彼はもうそれらをゴミ箱に捨てました。

(b) 関係代名詞 que や強調構文を用いたとき
Les fraises que tu as cultivé*es* sont bien mûres.
君が作ったイチゴはよく熟している。

C'est la tarte à la crème que j'ai pris*e*.
私が取ったのはクリームタルトです。

(c) 疑問詞・数量副詞を用いたとき

Quelle robe avez-vous choisi*e* ?
どんなドレスを選んだのですか？

Laquelle de ces voitures avez-vous essayé*e* ?
これらの車のどれを試乗したのですか？

Combien de poissons a-t-il pêché*s* ?
彼は何匹の魚を釣ったのですか？

(3) 過去分詞構文や形容詞の場合 (p.259)

65課　不定詞

最後となるこの課では、不定詞について見ていくことにしましょう。

❶ 不定詞の形

不定詞は、語尾の特徴から4種類にわかれます。(p.111)

−er 動詞	−ir 動詞	−re 動詞	−oir 動詞
aimer... など	finir... など	prendre... など	savoir... など

🔊 2-116

(1) 単純形 ─ 不定詞そのものに時の観念はなく、主動詞と同時、またはそれ以後に起こる行為・事柄を表します。

　　Il va la *chercher*.　　　　　彼は彼女を迎えに行く。
　　Il est allé la *chercher*.　　　彼は彼女を迎えに行った。
　　Il ira la *chercher*.　　　　　彼は彼女を迎えに行くでしょう。

(2) 複合形 ─ 不定詞複合形は「過去」ではなく、主動詞が表す時点で「完了」している行為・事柄を表します。

　　　　　助動詞（avoir, être）の不定詞 + 過去分詞

　　Il est surpris d'*avoir gagné* à la loterie.
　　彼は宝くじに当って驚いている。
　　Elle a dormi après *s'être douchée*.
　　彼女はシャワーを浴びてから寝た。
　　Il faut *avoir achevé* ce manuscrit avant demain.
　　明日までにこの原稿を仕上げておかなければならない。

➡ 不定詞の否定形は、通常〈ne pas +不定詞〉で表します。
　　Le voyant lui a conseillé de *ne plus* le *voir*.
　　占い師は彼女にもう彼と会わないように勧めた。

❷ 不定詞の用法

🔊 2-117

(1) 名詞的用法 — 不定詞が、主語や動詞などの補語として用いられます。

Vouloir, c'est pouvoir.　　　　　　　　　　〔主語（諺）〕
望めばできる。（精神一到　何事か成らざらん）

Elle adore *faire* du shopping ?　　　　　　〔動詞の補語〕
彼女はショッピングするのが大好きなの？

Il apprend à *conduire*.　　　　　　　　　　〔動詞の補語〕
彼は運転を習っている。

Mon père m'a interdit de *sortir* le soir.　　〔動詞の補語〕
父は私に夜外出するのを禁じた。

Tu es prêt à *partir* ?　　　　　　　　　　　〔形容詞の補語〕
出発する準備はできているの？

(2) 動詞的用法 — 不定詞が、疑問・指示・命令を表します。

Comment *dire* ?　　　　　　　　　　　　　〔疑問〕
どう言えばいいんだろう？

Souligner les participes présents.　　　　　〔指示・命令〕
現在分詞にアンダーラインを引くこと。

Ne pas *mettre* de publicités dans la boîte
aux lettres.　　　　　　　　　　　　　　　〔指示・命令〕
郵便受けに広告を入れないこと。

➡ 会話での命令形と異なり、人称のない不定詞の指示・命令は、不特定多数に人を対象に書かれた表現になります。

❸ 感覚動詞・使役動詞＋不定詞 🔊2-118

感覚・使役動詞と用いる不定詞は、次のようになります。

(1) 感覚動詞（voir, entendre, sentir など）―「... が～するのが（見える、聞こえる、感じる）」

不定詞が直接目的補語を伴わない場合	J'entends le chien *aboyer.*[1] (= J'entends aboyer le chien.) 犬が吠えているのが聞こえる。
不定詞が直接目的補語を伴う場合	J'ai entendu ma grand-mère *raconter* les fantômes. 祖母が幽霊の話をするのを聞いた。

➡ le chien や ma grand-mère は主動詞の直接目的補語であると同時に、不定詞の動作主になりますので、これらを補語人称代名詞に置き換えると、主動詞の前に置かれます。
Je *l'*entends aboyer.
Je *l'*ai entendue raconter les fantômes.
1 ➡ この例文を関係節を用いて表すと、次のようになります。
J'entends le chien *qui* aboie.

(2) 使役動詞 ―〈faire ＋不定詞〉「～させる」

不定詞が直接目的補語を伴わない場合	Il a fait *venir* sa femme de ménage.[1] 彼は家政婦を来させた。
不定詞が直接目的補語を伴う場合	Il a fait *garder* ses enfants à(par)sa femme de ménage. 彼は家政婦に子供たちのお守りをさせた。

1 ➡ 〈faire ＋不定詞〉の複合時制では、直接目的補語が過去分詞に先行しても、過去分詞は不変です。
Il l'a *fait* venir.　　~~Il l'a *faite* venir.~~

使役（放任）動詞 ― ＜ laisser ＋不定詞＞「〜させておく」

不定詞が直接目的補語を伴わない場合	Il a laissé *jouer* sa fille. （＝ Il a laissé sa fille jouer.） 彼は娘を遊ばせておいた。
不定詞が直接目的補語を伴う場合	Il a laissé sa fille *lire* son livre. （＝ Il a laissé lire son livre à sa fille.） 彼は娘に本を読ませておいた。

付録

❶冠詞の省略

　フランス語の場合、名詞には原則として冠詞をつけますが、この冠詞を省略する場合もあります。

(1) 国籍・身分・職業などを表す名詞の場合
　　Elle est canadienne.　　　　彼女はカナダ人です。
　　Je suis fonctionnaire.　　　　私は公務員です。

(2) 動詞とともに成句をつくる場合
　　Tu as sommeil ?　　　　　　眠いの？
　　Je lui donne congé.　　　　　私は彼（彼女）に休暇を与える。

(3) ＜数量副詞＋de＋無冠詞名詞＞の場合
　　Il a beaucoup de choses à faire.　彼にはすることがたくさんある。

(4) 前置詞の後にくる名詞が、形容詞的に働く場合や副詞句の場合
　　un verre à vin　　　　　　　ワイングラス
　　un pianiste de génie　　　　　天才的なピアニスト
　　une statue en (de) marbre　　大理石の彫像
　　avec prudence　　　　　　　慎重に

❷限定詞

　限定詞とは、冠詞など名詞（固有名詞は除く）の前につけて、その名詞を具体的（性・数など）に明示する語です。

(1) 冠詞、指示形容詞、所有形容詞 ― 他の限定詞と併用できない単独のもの
　　~~votre cette montre~~　　　　　あなたのその時計

(2) 数詞、疑問形容詞、不定形容詞 ― 単独・他の限定詞と併用できるもの
　　ces deux montres　　　　　この2つの時計

限定詞		男性単数	女性単数	男女複数
冠詞	定冠詞	le (l')	la (l')	les
	不定冠詞	un	une	des
	部分冠詞	du (de l')	de la (de l')	×
指示形容詞		ce (cet)	cette	ces
所有形容詞		mon	ma (mon)	mes
		ton	ta (ton)	tes
		son	sa (son)	ses
		notre		nos
		votre		vos
		leur		leurs

❸基本文型

文は通常、様々な要素が結びついた"主語と述語"によって構成されています。ここでは、それらの要素とともに、フランス語の基本文型を見ていきましょう。

(1) 主語(sujet) ― 動詞の表す行為をなす人や事物のことで、名詞・代名詞・不定詞などが主語として働きます。

(2) 動詞（verbe）― 主語の動作や状態、存在などを表す語です。

(3) 属詞（attribut）― 主語または直接目的補語の性質や状態、国籍や身分などを表す語で、名詞・代名詞・形容詞・不定詞などが属詞として働きます。

> ➡ 主語または直接目的補語と、その属詞を結ぶ動詞（être, devenir, croire, trouver など）を、連結動詞といいます。
> Elle est innocente.　　　　〔主語 elle の属詞〕　　彼女は無罪である。
> Je la crois innocente.　　　〔直・目 la の属詞〕　　私は彼女を無罪だと思う。

(4) 直接目的補語（complément d'objet direct）― 直接補語または直接目的語ともいいますが、前置詞を介さずに動詞と直接結びつく語です。

> ➡ 通常「～を」と訳されますが、異なる場合（voir, saluer, rencontrer など）もあります。
> Je vois Michel.　　　　　　　　　　　　　　私はミシェルに会う。

(5) 間接目的補語（compément d'objet indirect）― 間接補語または間接目的語ともいいますが、前置詞 à（または de など）を介して動詞と間接的に結びつく語です。

> ➡ 通常「(à)～に」と訳されますが、異なる場合もあります。
> Je pardonne à Michel.　　　　　　　　　　　私はミシェルを許す。

（6）状況補語（complément circonstanciel）— 時や場所、原因、目的、対立などを表す語で、主に副詞・前置詞句を用います。

➡ 文の基本要素ではないので，下記の基本文型には記載していません。
　Demain, je vais acheter un sac à la boutique avec ma mère.
　明日、バッグを買いに母とブティックへ行くの。

S + V	Les étoiles scintillent. 星が瞬く。
S + V + A	Nathalie paraissait fatiguée. ナタリーは疲れているようだった。
S + V + COD	Ils aiment le champagne. 彼らはシャンパンが好きです。
S + V + COI	Le chien obéit à son maître. その犬は主人に従う。
S + V + COD + COI	Il offre un bouquet à Patricia. 彼はパトリシアに花束を贈る。
S + V + COD + A	Je trouve ce tableau manifique. (＝ Je le trouve manifique.) 私はこの絵をすばらしいと思う。

❹ 文の種類

(1) 文の機能上の種類
- ➤ 平叙文 ― 物事をありのまま述べる文
- ➤ 疑問文 ― 物事を尋ねる文、または反語を表す文
- ➤ 命令文 ― 命令や依頼などを表す文
- ➤ 感嘆文 ― 喜怒哀楽や驚きなど、強い感情を表す文

平叙文	Eric danse bien.	エリックは上手に踊る。
疑問文	Eric danse bien?	エリックは上手に踊るの？
命令文	Eric, danse bien!	エリック、ちゃんと踊りなさい。
感嘆文	Comme Eric danse bien!	なんとエリックは上手に踊るのだろう。

➡ これらの文の違いは、句読記号やイントネーションなどによって区別され、また肯定文と否定文があります。

➡ 感嘆文には、感嘆詞（quel, comme, que, ce que, qu'est-ce que など）を伴うものと、伴わないものがあります。

　　　Incroyable!　　　　　　　　　　　　　　信じられない。

(2) 文の構造上の種類
- ➤ 単文 ― 1つの独立節からなる文
- ➤ 複文 ― 2つ以上の節からなる文

単文	Il regarde la télévision. 彼はテレビを見ている。 Va acheter du pain. パンを買いに行ってきて。
複文	On y va ou on n'y va pas? 行くのかそれとも行かないのか？ Elle était absente quand tu lui as téléphoné. 君が電話をしたとき彼女は不在だった。

(3) 複文における節の種類

［並置節］── 接続詞はなく、句読記号（ , ; ）を用いて並列された独立節。
［等位節］── 等位接続詞（et, ni, ou, mais, car, donc など）を用いて結ばれた独立節。
［主節と従属節］── 主節と、それに従属する従位接続詞（quand, si, comme, que など）を用いた従属節。

➡ 等位接続詞と従位接続詞の中には、その区別が絶対的でなく、意味によっては交互するものもあります。

並置節	Je n'ai rien entendu, je dormais profondément. 何も聞こえなかった、熟睡していたんだ。
等位節	Il fait froid à Paris, mais il fait chaud à Nice. パリは寒いが、ニースは暑い。
主節と従属節	Nous sommes allés au cinéma, parce qu'il pleuvait. 雨が降っていたので映画を見に行った。

❺法と時制

➢ 法 ── 話者の心的態度を示すもの。
➢ 時制 ── 時間的位置を示すもの。単純時制は助動詞を用いませんが、複合時制では＜助動詞（avoir, être）＋過去分詞＞で時制を作ります。

　動詞の基本となる法と時制の一覧表を、chanter を例にしてまとめておきます。

法		時制 単純時制	複合時制	chanter（2人称単数）	
人称叙法	直説法	現在[1]	複合過去	tu chantes	tu as chanté
		半過去	大過去	tu chantais	tu avais chanté
		単純過去	前過去	tu chantas	tu eus chanté
		単純未来	前未来	tu chanteras	tu auras chanté
	条件法	現在	過去	tu chanterais	tu aurais chanté
	接続法	現在	過去	tu chantes	tu aies chanté
		半過去	大過去	tu chantasses	tu eusses chanté
	命令法	単純形	複合形[2]	chante	aie chanté
非人称叙法	分詞	現在（単純形）	複合形	chantant	ayant chanté
		過去		chanté	
	不定詞	単純形	複合形	chanter	avoir chanté

1 ➡ 直説法現在は表現範囲が広く、現在だけでなく"近い未来や過去"なども表します。
　　On part demain après-midi.　　　私たちは明日の午後出発します。
　　Je rentre à l'instant.　　　　　　たった今帰ってきたところだよ。
2 ➡ 命令法の単純形は現在・未来を表し、複合形は過去とは関係のない未来完了を表しますが、この形で用いられるのは稀です。

索引

索引

A

à ··················· 130,136
à cause de ············ 254
à condition que······ 242
à côté de ··············· 133
à moins que 242
à partir de············· 223
adjectif················· 98
—adjectif démonstratif
    ··················· 123
—adjectif indéfini ··· 207
—adjectif interrogatif 142
—adjectif possessif·· 125
adverbe················ 127
—adverbe interrogatif
    ··················· 144
afin de (que) ········· 256
aimer ············ 92,112,184
aller···················· 137
alors que ·············· 255
alphabet ··············· 14
appeler ················ 114
article
—article défini ······· 91
—article indéfini····· 90
—article partitif······ 93
—article contracte··· 94
assez (de) ············· 148
attendre··············· 153

au (aux) ·············· 95
aucun (e)············· 210
auquel (à laquelle, etc)
    ··················· 170,199
aussi longtemps que· 229
avant de (que) ······· 230
avec···················· 132
avoir··················· 109

挨拶···················· 84
アクソン・グラーヴ····· 17
アクソン・スィルコンフレックス
    ··················· 17
アクソン・テギュ ········ 17
アポストロフ ·········· 17
アルファベ ············· 14
アンシェンヌマン········ 81

B

beaucoup (de) ······· 127,148
bien (que)············· 127,255
boire··················· 155

鼻母音 ················· 22
母音···················· 20
母音字 ················· 27,29
母音字省略 ············· 81
分詞···················· 177,257
    ··················· 262,276
文の種類 ··············· 274

278

索引

C

ça ……………… 202
ce (cet, cette, ces) …… 123
ce (c') ……………… 202
ceci (cela) ……………… 202
c'est (ce sont) ……… 97
c'est qui (c'est que) …… 201
celui (celle, ceux, celles)
　……………………… 203
certain (e)(s) ……… 208
chacun (e) ……… 208
chez ……………… 133
choisir ……………… 140
―ci ……………… 124, 204
combien (de) ……… 144, 148
commencer ……… 113
comment ……… 144
comparatif ……… 159
concordance des temps
　……………………… 249
conduire ……… 155
connaître ……… 154
croire ……… 155

直接目的補語 ………… 181, 183, 193,
　……………………… 270
直説法
―直説法現在 ……… 108, 111, 137, 140,
　……………………… 153, 164, 171
―直説法複合過去 ……… 177
―直説法半過去 ……… 212
―直説法大過去 ……… 215
―直説法単純過去 ……… 217
―直説法前過去 ……… 221
―直説法単純未来 ……… 222
―直説法前未来 ……… 225
直接話法 ……… 251
中性代名詞 ……… 188, 193

D

dans ……………… 133
de (d') ……………… 104, 117, 130
depuis ……………… 229
devoir ……………… 164
dire ……………… 154
discours
―discours direct ……… 251
―discours indirect ……… 251
―doscours indirect libre
　……………………… 253
dont ……………… 196
d'où ……………… 144, 198
du (de la, de l') ……… 93
du (des) ……… 94
duquel (de laquelle, etc)
　……………………… 170, 200

代名動詞 ……… 171
動詞 ……… 111, 258

索引

E

écrire ················ 155
élision ················ 78
elle, elles ············ 105, 156
employer ············· 115
en ················ 131, 188, 260
enchaînement ········ 81
en face de ············ 133
éteindre ·············· 153
entendre ············· 266
est-ce que ············ 119
être ················ 108
eux ················ 156

エリズィヨン ········ 81

F

faire ················ 154, 166, 266
falloir ················ 166
finir ················ 140
futur
—futur antérieur de l'indicatif
················ 225
—futur proche ······ 138
—futur simple de l'indicatif
················ 222

付加形容詞 ············ 102
複文 ················ 274

複合時制 ·············· 276
複合過去 ·············· 177
副詞 ················ 127, 135
不定代名詞 ············ 207
不定冠詞 ·············· 90
不定形容詞 ············ 207
不定詞 ················ 111, 264

G

gérondif ·············· 260
grâce à ················ 254

原形 ················ 111
現在分詞 ············· 257
現在形 ················ 108
限定詞 ················ 90, 271
疑問
—疑問文 ············ 118
—疑問代名詞 ········ 168
—疑問形容詞 ········ 142
—疑問副詞 ·········· 144
語幹・語尾 ············ 111

H

hypothèse ············ 237

半母音 ················ 22
比較級 ················ 159
頻度 ················ 152
非人称構文 ············ 166

280

索引

否定文 ……………… 116,210
否定疑問文 ………… 111
否定の冠詞：de ……… 117
日付 ………………… 152
補語人称代名詞 ……… 183
法と時制 …………… 276

I

il, ils ……………… 105
il est～heure (s) …… 149,166
il faut (que) ……… 167,241
il y a ……………… 96,166
imparfait
—imparfait de l'indicatif
 ………………… 212
—imparfait du subjonctif
 ………………… 245
impératif ………… 174
infinitif …………… 111,264

J

je (j') ……………… 105
jouer à (de) ……… 154
jusqu'à ce que …… 230

ジェロンディフ ……… 260
時間 ……………… 149,166
時制 ……………… 276
—時制の照応 ……… 249
自由間接話法 ……… 253

譲歩 ……………… 255
条件法
—条件法現在 ……… 233
—条件法過去 ……… 235
状況補語 ………… 273
序数 ……………… 147
受動態 …………… 231
従属節 …………… 275

K

過去分詞 ………… 177
—過去分詞構文 …… 259
—過去分詞の一致 …… 262
身体の部位 ……… 110
感覚動詞 ………… 266
関係代名詞 ……… 196
関係節 …………… 196
間接目的補語 …… 181,183,
 ………………… 193,272
間接話法 ………… 251
冠詞 ……………… 90
—冠詞の変形 …… 104,117
—冠詞の省略 …… 109,270
感嘆文 …………… 143,274
形容詞 …………… 98
基本文型 ………… 272
基本会話 ………… 84
基本不規則動詞 …… 111
季節 ……………… 150
基数 ……………… 145

281

近接過去 ……………… 138
近接未来 ……………… 138
国 …………………… 135
句読記号 ……………… 18
強調構文 ……………… 201
強勢形人称代名詞 ……… 156
虚辞の ne …………… 243

L

—là ………………… 124,204
laisser ……………… 267
le (la,les) ………… 91,183
le mien (la mienne,etc)
 ……………………… 205
lequel (laquelle,etc) 170,198
leur (leurs) ………… 125
liaison ……………… 78
lire ………………… 154
lorsque ……………… 229
lui (leur) …………… 183
lui (eux) …………… 156

M

malgré (que) ……… 255
manger ……………… 113
me (m') ……………… 183
meilleur …………… 162
même ……………… 158
même si …………… 255
mieux ……………… 162,163

moi ………………… 156
moindre …………… 162
moins ……………… 159
mon (ma,mes) …… 125

命令法 ……………… 174
名詞 ………………… 86
目的 ………………… 256
無冠詞名詞 ………… 109,110,
 ……………………… 148,270
無音の h …………… 28
無声子音 …………… 19

N

ne~aucun (e) ……… 210
ne~guère …………… 210
ne~jamais ………… 210
ne~ni...ni ………… 210
ne~pas ……………… 116
ne~personne ……… 210
ne~plus …………… 210
ne~que …………… 210
ne~rien …………… 210
ne explétif ………… 243
n'importe où, etc … 209
non ………………… 118
notre (nos) ………… 125
nous ……………… 105,156,183

年月日 ……………… 150

人称代名詞 ············ 105,156,183
能動態 ················· 231

O

œ composés ········· 30
on ····················· 107,209
où ······················ 144,196
oui ····················· 118
ouvrir ················· 141

音節の切り方 ········· 43

P

par ····················· 131,241
parce que ············ 254
parler ·················· 112
participe
—participe passé ···· 177,262
—participe présent ·· 257
partir ·················· 141
passé
—passé antérieur de l'indicatif
 ······················· 221
—passé composé de l'indicatif
 ······················· 177
—passé du conditionnel
 ······················· 235
—passé du subjonctif
 ······················· 244
—passé récent ······· 138
—passé simple de l'indicatif
 ······················· 217
payer ·················· 115
pendant (que) ······· 229
personne ············· 210
peser ·················· 114
peu (de) ·············· 148
pire ···················· 162
plaire ·················· 154
plus ···················· 159
plusieurs ············· 208
plus-que parfait
—plus-que parfait de l'indicatif
 ······················· 215
—plus-que parfait du subjonctif
 ······················· 247
pour (que) ············ 131,242,256
pourquoi ············· 144
pouvoir ··············· 164
pourvu que ·········· 242
préférer ··············· 114
prendre ··············· 153
préposition ·········· 130
présent
—présent de l'indicatif
 ······················· 108,111,140,
 ······················· 153,164
—présent du conditionnel
 ······················· 233
—présent du subjonctif

283

················· 239
pronom
—pronom dé monstratif
　················· 202
—pronom indéfini ·· 207
—pronom interrogatif
　················· 168
—pronom neutre ···· 188
—pronom persommel
　(complément) ···· 183
—pronom personnel sujet
　················· 105
—pronom possessif· 205
—pronom relatif····· 196
—pronom tonique ·· 156

Q

quand ············ 144,275
que················ 168,196,275
quel (quelle,quels,quelles)
　················· 142
quelque (s) ·········· 208
quelque chose ······· 208
quelqu'un (une) ····· 209
qui ············ 168,196,251
quoi················ 168
quoique············· 255

R

rien ················ 210

rire ················ 154
リエゾン ············· 78
理由・原因 ··········· 254

S

sans (que)·········· 132,242
s'appeler············ 171
savoir··············· 164
se (s')·············· 171
se coucher ·········· 171
si ················ 121,237,
　················· 251,275
soi················· 156
son (sa,ses) ········· 125
superlatif··········· 160

最上級 ·············· 160
再帰代名詞 ··········· 171
セディーユ ··········· 17
接続詞（句）········· 229,242,
　················· 254,275
接続法
―接続法現在 ·········· 239
―接続法過去 ·········· 244
―接続法半過去········ 245
―接続法大過去········ 247
先行詞 ·············· 196
使役動詞 ············· 267
子音 ················ 23

索引

子音字 …………… 34
指示代名詞 ………… 202
指示形容詞 ………… 123
数量 ……………… 148
数詞 ……………… 145
商店 ……………… 134
所有代名詞 ………… 205
所有形容詞 ………… 125
主語人称代名詞 …… 105
主節 ……………… 275

T

tandis que ………… 255
te (t') …………… 183
tenir ……………… 141
toi ………………… 156
ton (ta,tes) ……… 125
tout ……………… 207
très ……………… 127
trop (de) ………… 148
tu ………………… 105

対立 ……………… 255
単文 ……………… 274
単純過去 ………… 217
単純時制 ………… 276
単純未来 ………… 222
定冠詞 …………… 91
提示表現 ………… 96
天候 ……………… 166

トレ・デュニヨン …… 17
トレマ …………… 17
都市 ……………… 135
月 ………………… 151
綴り字記号 ………… 17

U

un (une) ………… 90,145
un peu (de) ……… 148

V

venir …………… 137
verbe …………… 111,272
verbe pronominal … 171
vivre …………… 154
voici (voilà) ……… 96
voix active ……… 231
voix passive ……… 231
votre (vos) ……… 125
vouloir ………… 164
vous …………… 105,156,183

W

W
話法 ……………… 251

Y

y ………………… 188
曜日 ……………… 151
有音のh ………… 28

索引

有声子音 ……………… 19

Z

前過去 ……………… 221

前未来 ……………… 225
前置詞 ……………… 130,133
絶対分詞構文 ………… 258
属詞 ………………… 98,108,272

石川 加奈（いしかわ・かな）

日本の製パン会社を10年勤めた後、30歳の時にフランスへ語学留学。現在もパンに関わる仕事をしながら執筆活動中。

- ● ── カバーデザイン　　竹内 雄二
- ● ── DTP　　　　　　　三松堂株式会社
- ● ── 本文イラスト　　　ツダ タバサ
- ● ── 音声　　　　　　　ナレーション Sylvain Detey / Mireille Rasamoela / Nathalie Lo Bue

［音声DL付改訂版］本気で学ぶフランス語

2024年2月25日　初版発行

著者	石川 加奈
発行者	内田 真介
発行・発売	ベレ出版 〒162-0832　東京都新宿区岩戸町12 レベッカビル TEL.03-5225-4790　FAX.03-5225-4795 ホームページ　https://www.beret.co.jp/
印刷	三松堂株式会社
製本	根本製本株式会社

落丁本・乱丁本は小社編集部あてにお送りください。送料小社負担にてお取り替えします。
本書の無断複写は著作権法上での例外を除き禁じられています。購入者以外の第三者による本書のいかなる電子複製も一切認められておりません。

© Kana Ishikawa 2024. Printed in Japan
ISBN 978-4-86064-757-5 C2085　　　　　　編集担当　綿引ゆか

［音声 DL 付］フランス語
話すための基本パターン 86

吉田泉 著

四六並製／定価 2200 円（税込）■ 264 頁
ISBN978-4-86064-628-8 C2085

フランス語の習得に必須の、重要で基本となるパターン 86 を厳選。それらを学んでほしい順番に紹介していきます。パターンごとに会話に使える例文と詳しい解説が入り、話せるようになるための学習が効率よくできるようになっています。入門書を終えた後におススメの、実用的な学習書としてぴったりの一冊です。また、中級レベルの人の表現のバリエーションを増やすためにも役立ちます。フランス語ネイティブによる例文を読み上げた音声 DL 付き。

［音声 DL 付］本気で学ぶ
中・上級フランス語

吉田泉 著

A5 並製／定価 3190 円（税込）■ 448 頁
ISBN978-4-86064-697-4 C2085

中級、上級の文法項目を網羅し、解説はできるだけ丁寧に、なるべく簡潔に、なるべく平易に、を目指して書かれており、レベルの高い内容であってもフランス語学習者が楽しく学べる一冊になっています。項目の最初に例文を挙げ、その文法がどういうものかがわかってから、豊富な例文と一緒に内容を掘り下げていきます。次に、それらをきちんと理解したかを確認できるように、多くの練習問題も収録。

［音声 DL 付］フランス語会話
話しかけ＆返事のバリエーションを増やす

吉田泉 著

四六並製／定価 2640 円（税込）■ 448 頁
ISBN978-4-86064-578-6 C2085

「おはよう」「やあ」「元気?」とあいさつ 1 つにもさまざまな表現があり、それに返す表現もさまざまです。日常的なあらゆる場面での会話は話しかけて返す、の繰り返しなので、話しかけと返しの表現をセットで覚えるのはとても効率的で、表現の幅もぐっと広がります。レストランで「ボナペティ（召し上がれ）」と言われたときなんて返す？人にぶつかってしまったときになんと言えばいい？クシャミをした人にひとこと言うなら？などとっさには出てきにくいけど覚えておきたいフランス的表現も紹介します。